Learn Shapes in Spanish
with **Camron y Chloe**

Denver International SchoolHouse

Learn Shapes in Spanish with Camron y Chloe

Denver International SchoolHouse

© 2020 Denver International SchoolHouse

All rights reserved. No part of this publication may be reproduced, stored in a retrieval system or transmited in any form or by any means, electronic, mechanical, photocopying, recording or otherwise without the prior permision of the publisher or in accordance with the provisions of the Copyright, Designs and Patents Act 1988 or under the terms of any licence permitting limited copying issued by the Copyright Licensing Angency.

ISBN : 978-1-7358013-4-6

Nombre:_____

Círculo

Traza los **círculos**.

Traza la palabra.

círculo

Denver International SchoolHouse

Nombre:_____

Círculo

*Traza los **círculos**.*

Denver International SchoolHouse

Nombre:_____

Círculo

Traza los **círculos** y luego colorea.

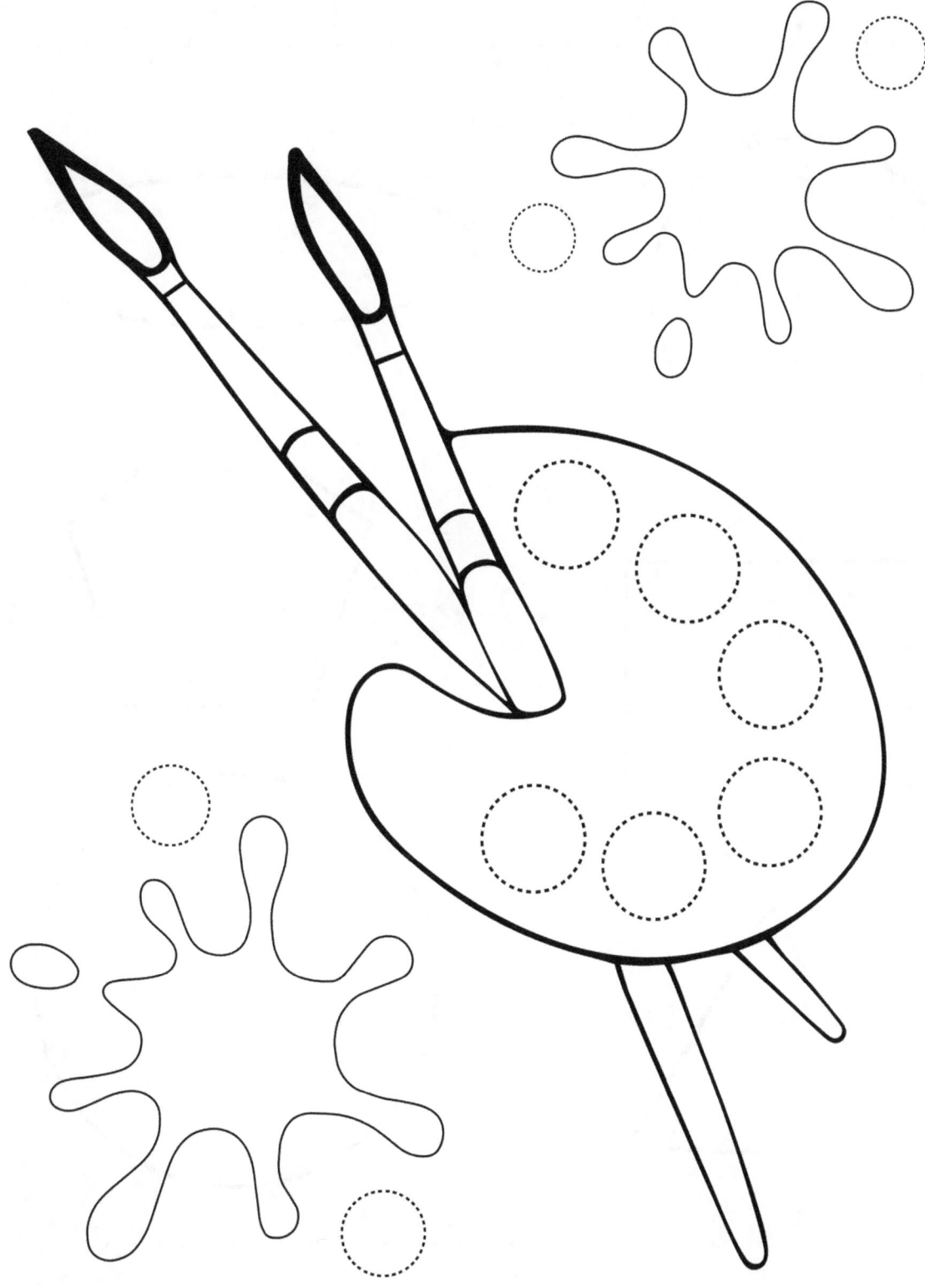

3 Denver International SchoolHouse

Nombre:_____

Círculo

*Colorea los **círculos**.*

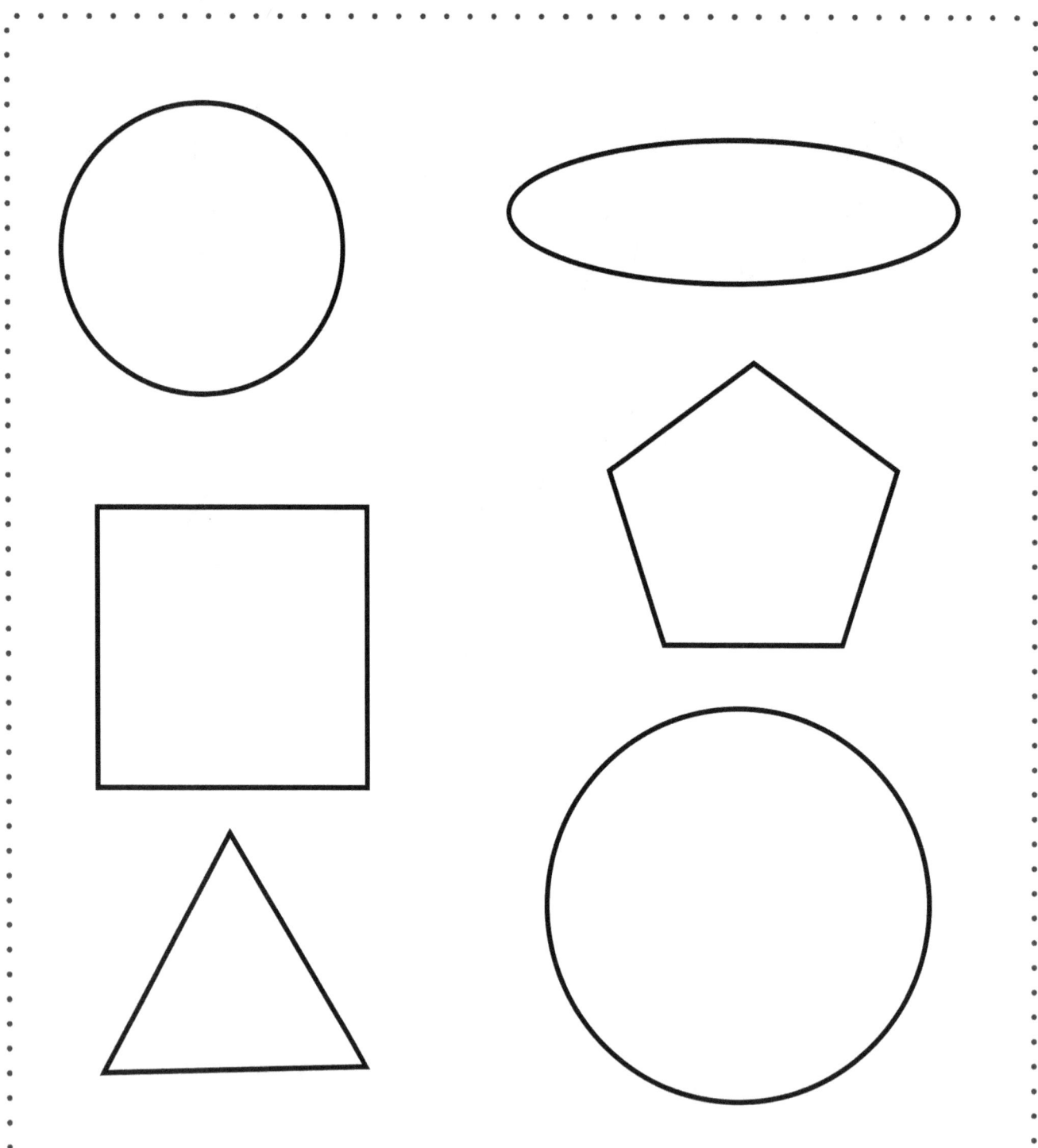

Nombre:_____

Traza, colorea y escribe

Traza y colorea cada **círculo** con el crayón correcto.

Lee la palabra. Traza la palabra. Escribe la palabra por tu cuenta.

| círculo | círculo |

Nombre:_____

Círculo

*Practica dibujar **círculos**.*

*Practica escribir **círculo** por tu cuenta.*

Nombre:_____

Cuadrado

Traza los **cuadrados**.

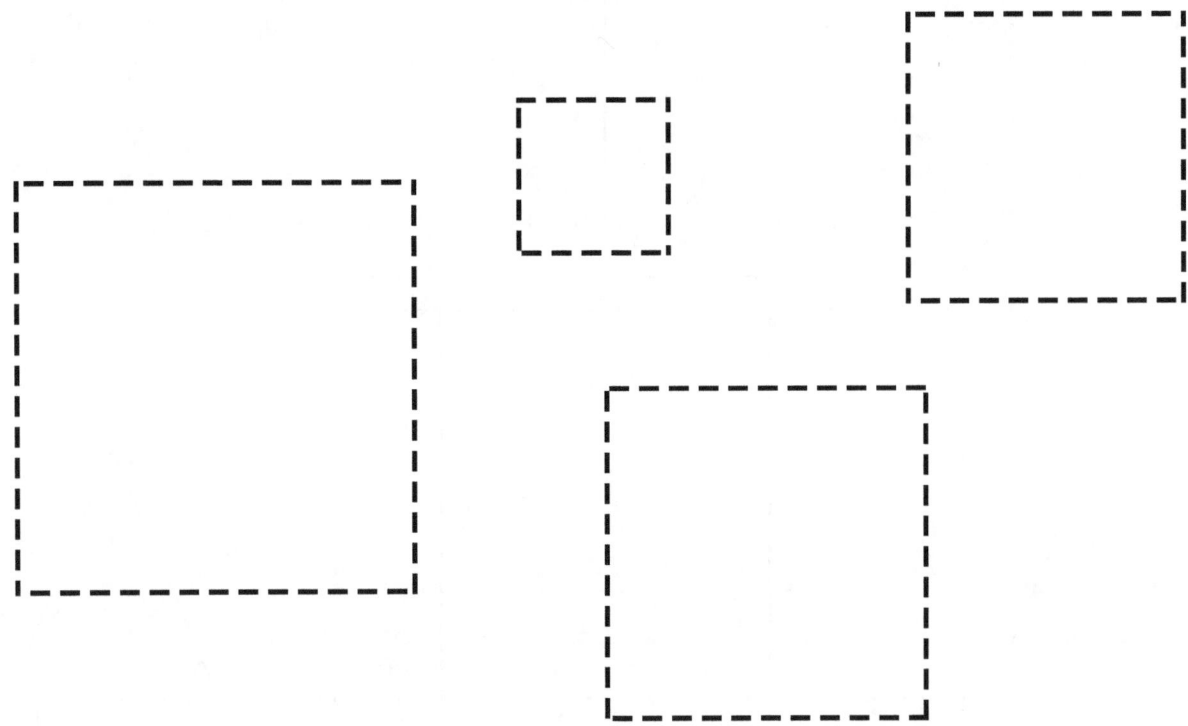

Traza la palabra.

cuadrado

Nombre:_____

Cuadrado

*Traza los **cuadrados**.*

Nombre:_____

Cuadrado

*Traza los **cuadrados** y luego colorea.*

Nombre:_____

Cuadrado

*Colorea los **cuadrados**.*

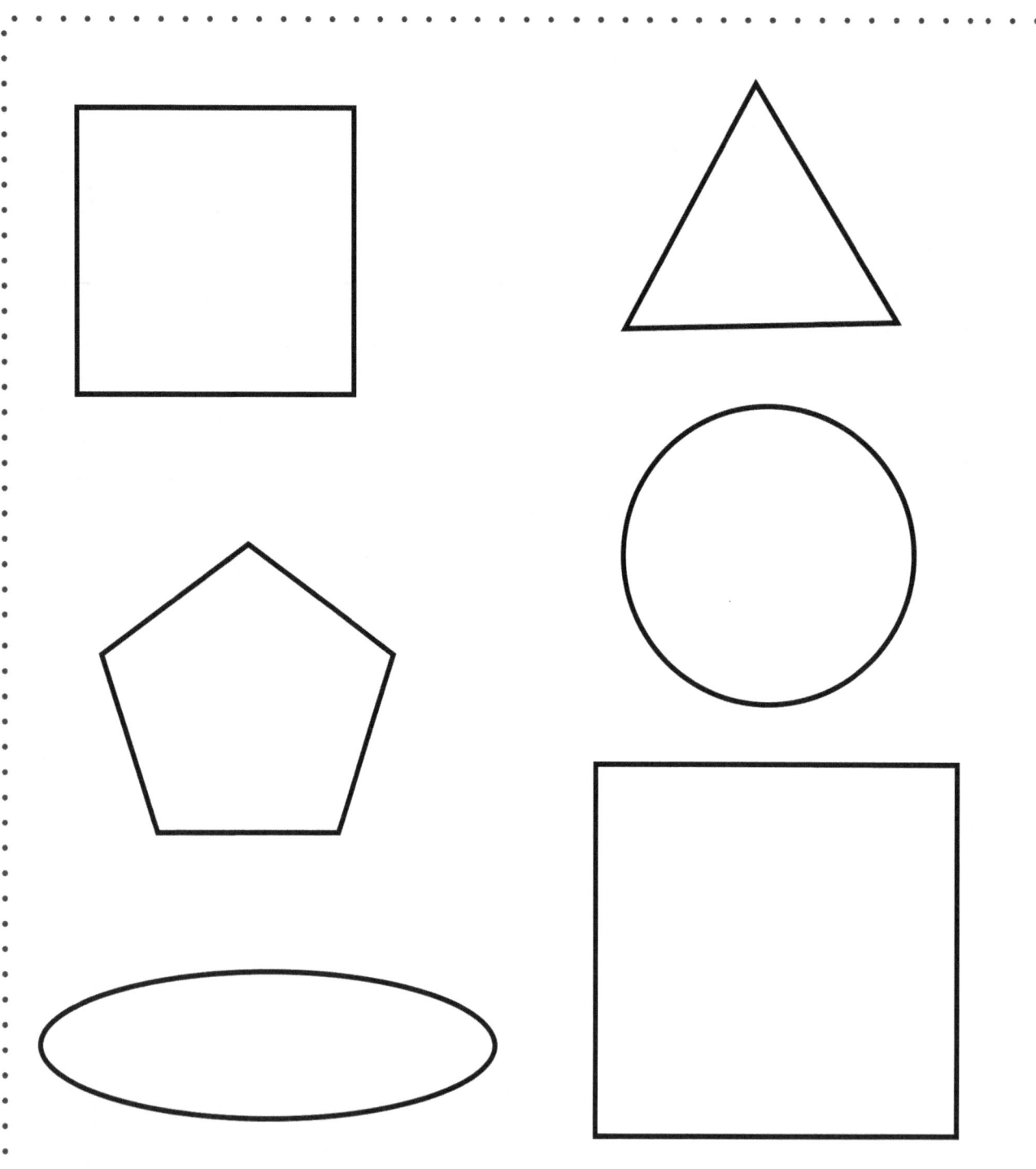

Nombre:_____

Traza, colorea y escribe

Traza y colorea cada **cuadrado** con el crayón correcto.

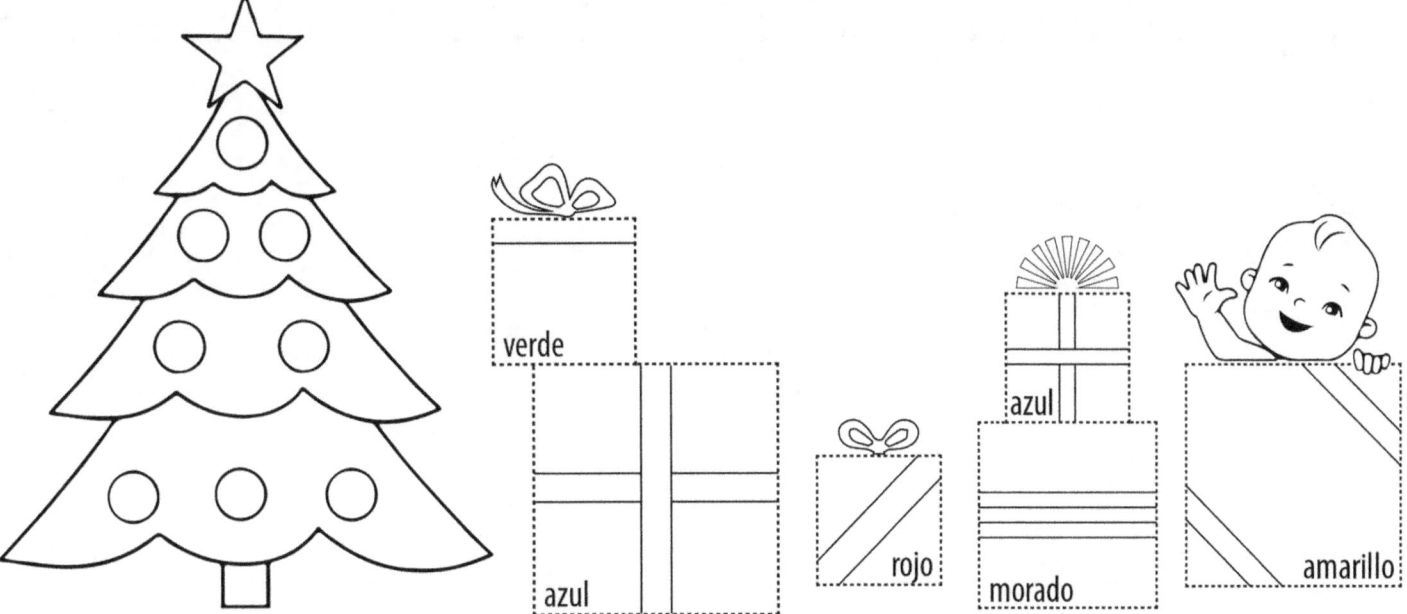

Lee la palabra. Traza la palabra. Escribe la palabra por tu cuenta.

| cuadrado | cuadrado |

Denver International SchoolHouse

Nombre:_____

Cuadrado

*Practica dibujar **cuadrados**.*

*Practica escribir **cuadrado** por tu cuenta.*

Nombre:_____

Cubo

Traza los **cubos**.

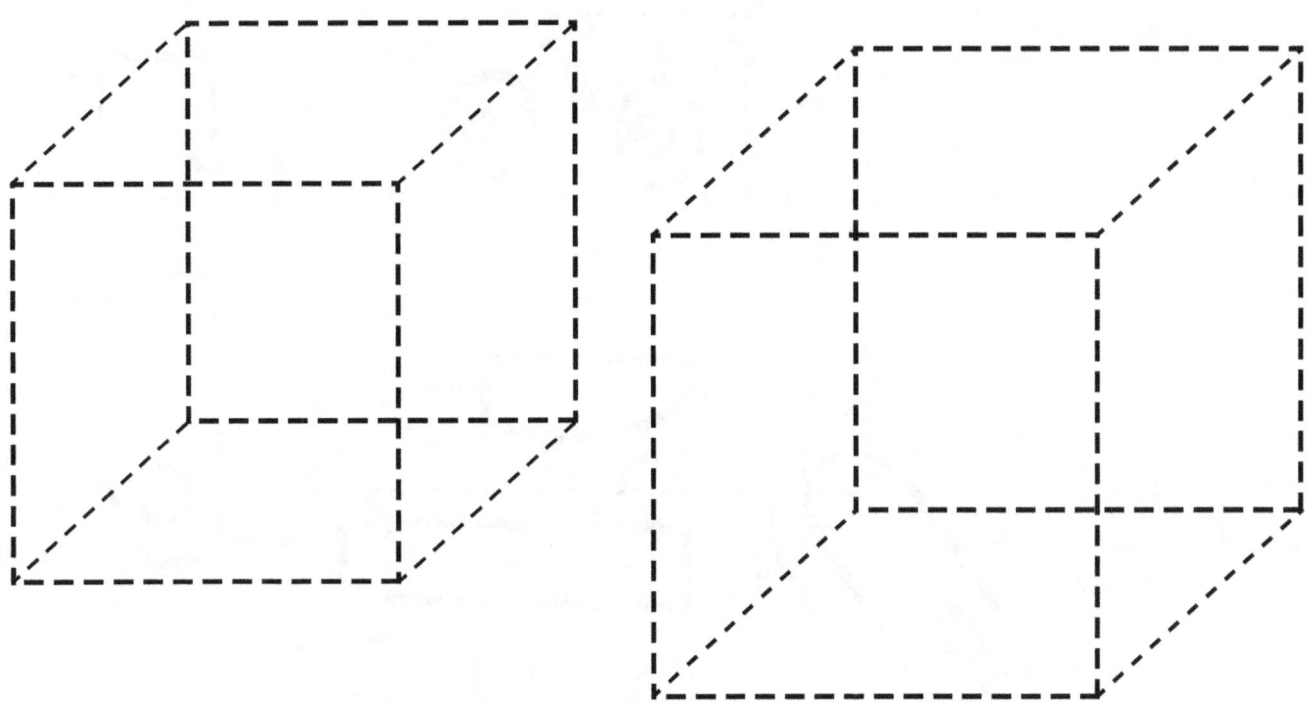

Traza la palabra.

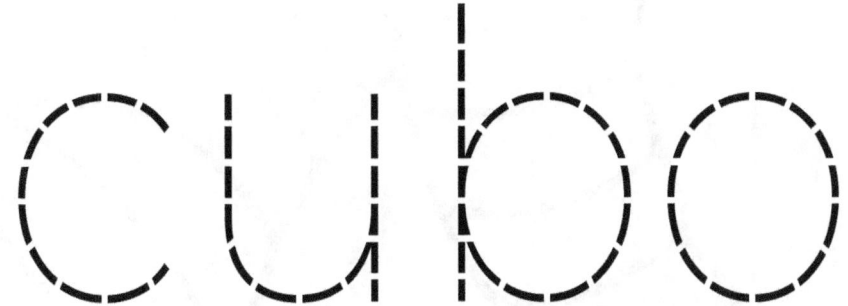

Nombre:_____

Cubo

Traza los **cubos**.

Nombre:_____

Cubo

*Traza los **cubos** y luego colorea.*

15   Denver International SchoolHouse

Cubo

Nombre:_____

Colorea los *cubos*.

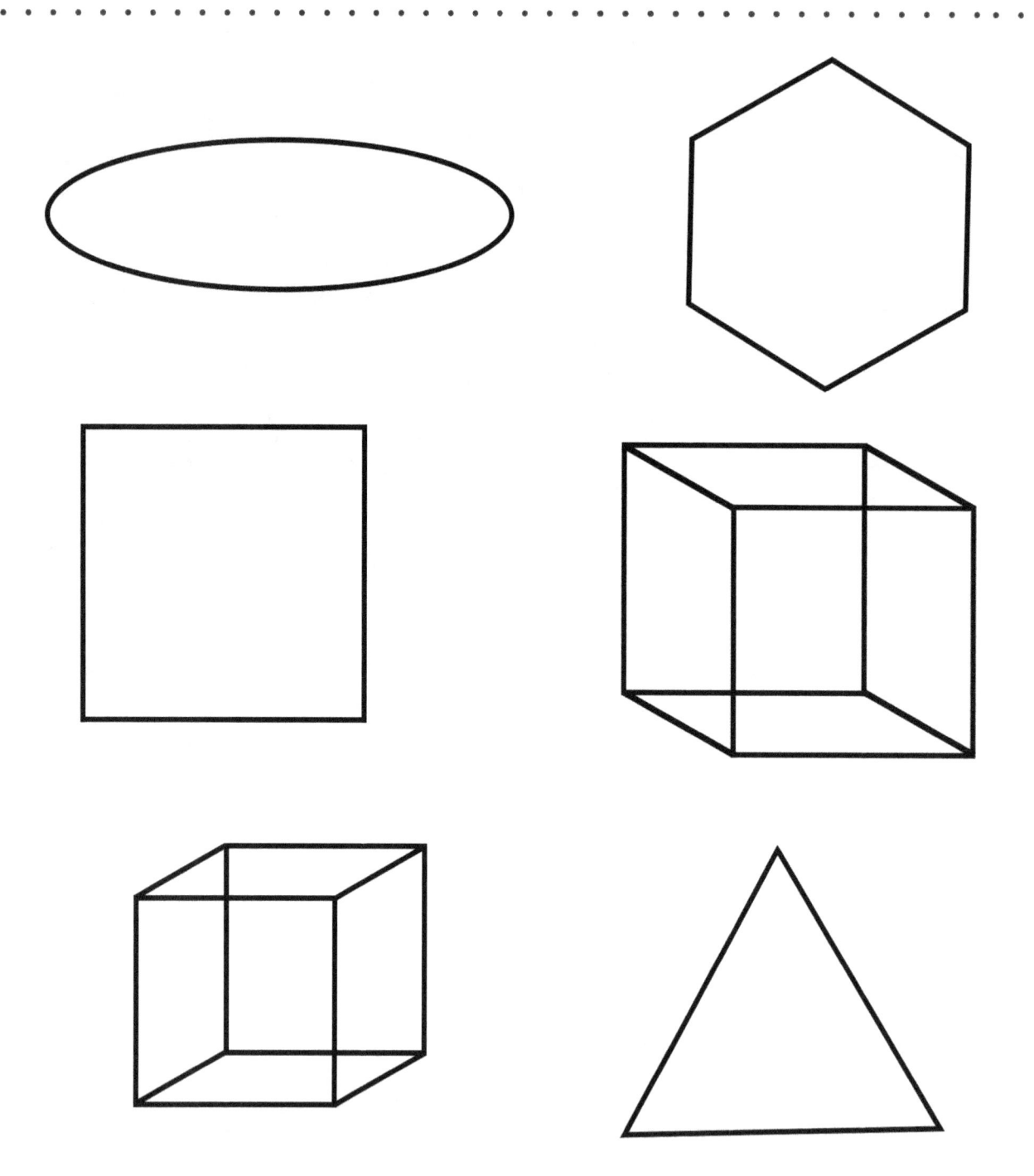

Nombre:_____

Traza, colorea y escribe

Traza y colorea cada **cubo** con el crayón correcto.

Lee la palabra. Traza la palabra. Escribe la palabra por tu cuenta.

cubo

cubo

Nombre:_____

Cubo

*Practica dibujar **cubos**.*

*Practica escribir **cubo** por tu cuenta.*

Nombre:_____

Triángulo

*Traza los **Triángulos**.*

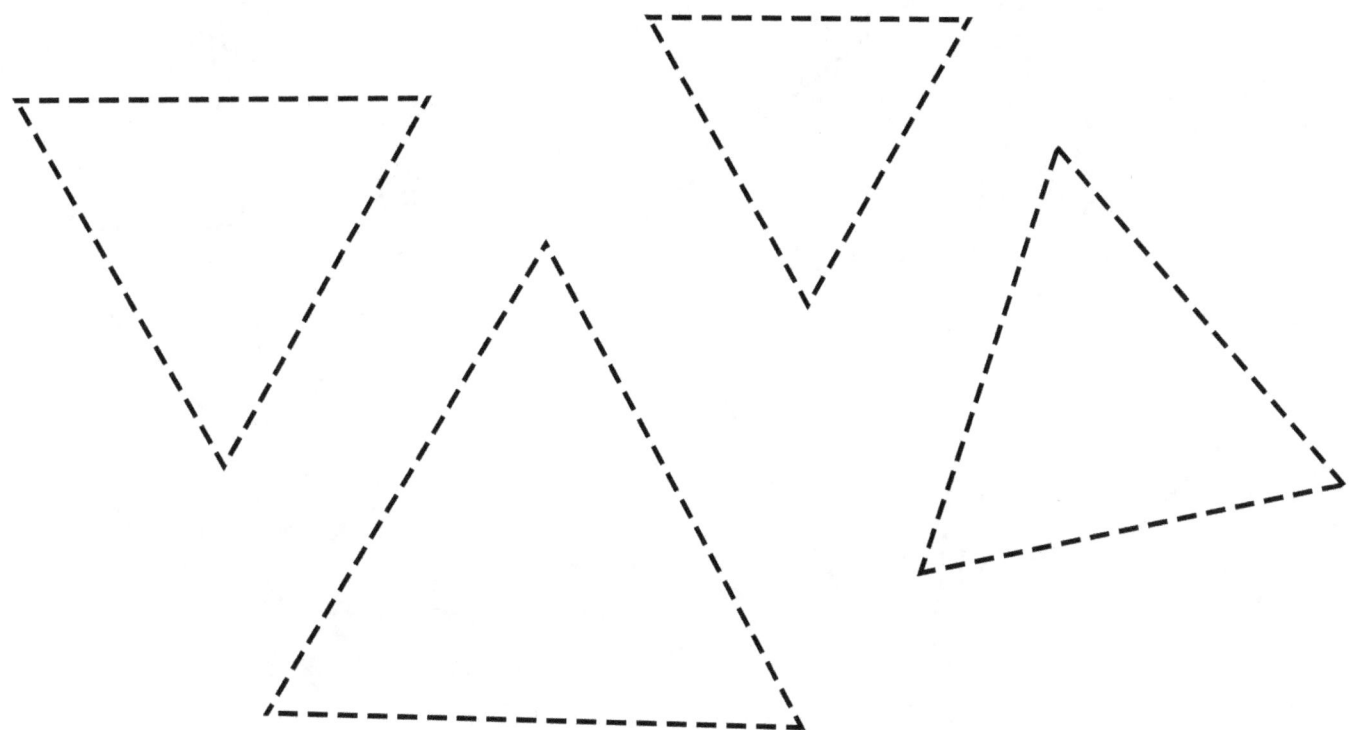

Traza la palabra.

triángulo

Nombre:_____

Triángulo

*Traza los **triángulos**.*

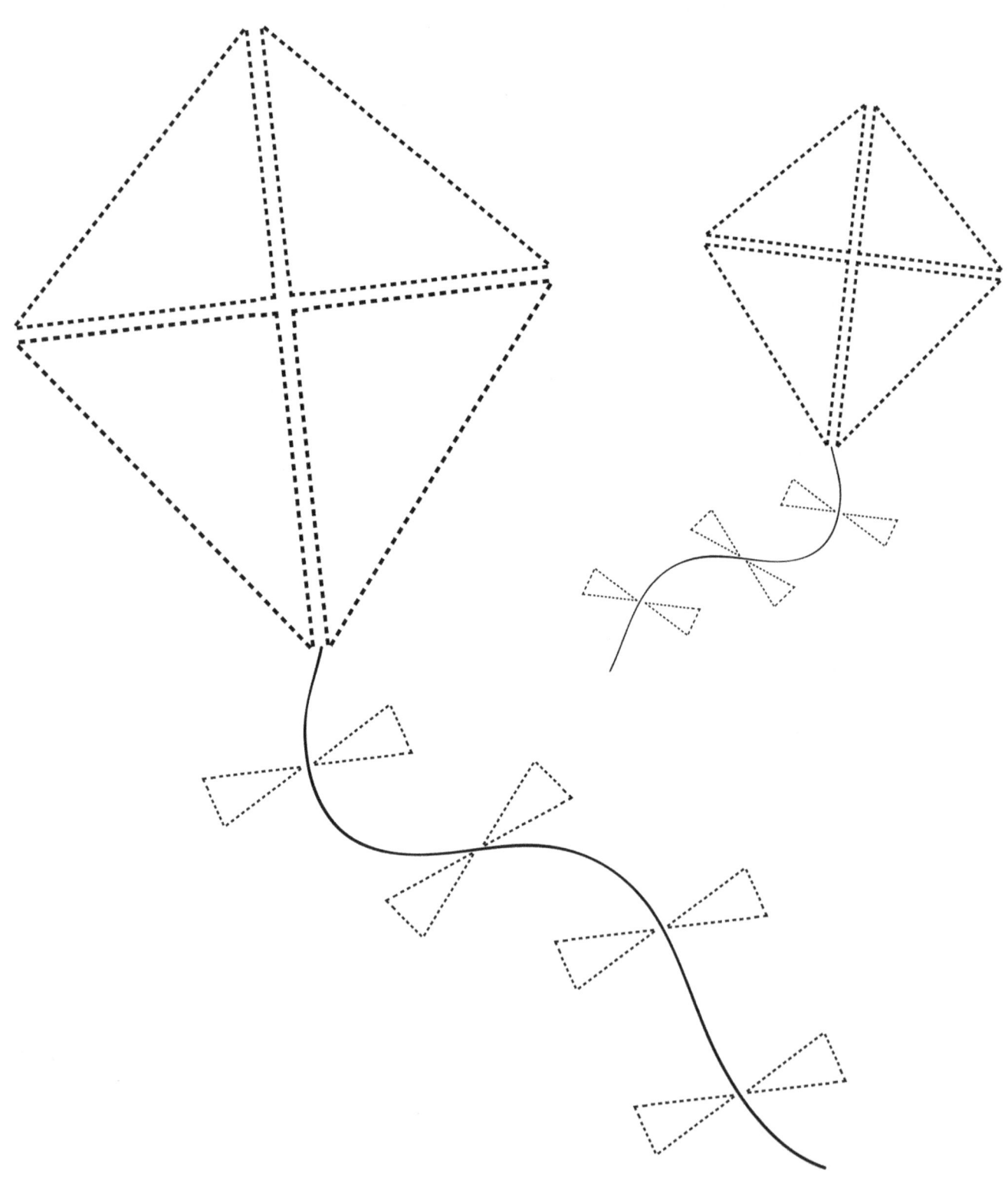

Triángulo

Nombre:_____

Traza los **triángulos** y luego colorea.

Nombre:_____

Triángulo

*Colorea los **triángulos**.*

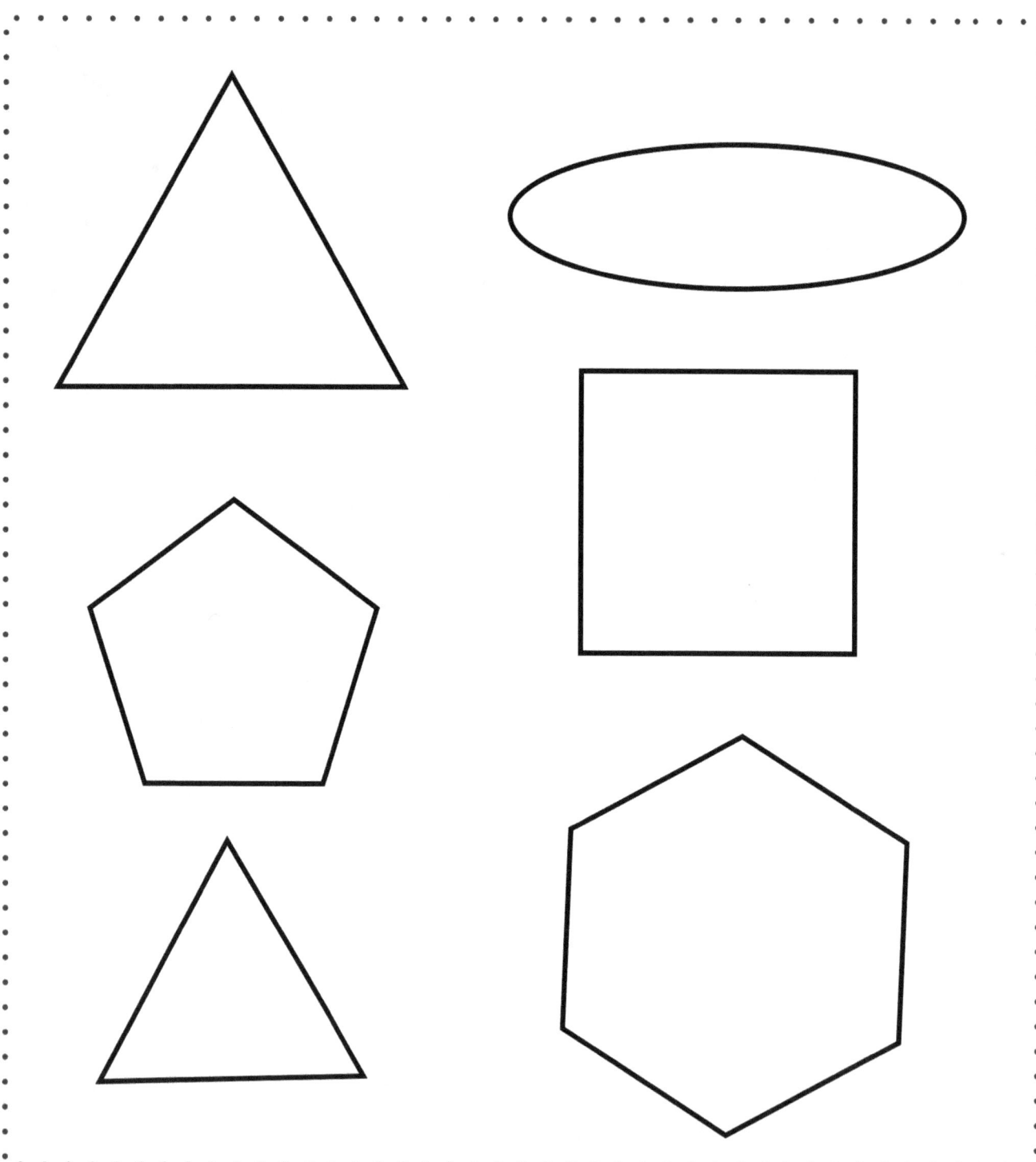

Nombre:_____

Traza, colorea y escribe

Traza y colorea cada **triángulo** con el crayón correcto.

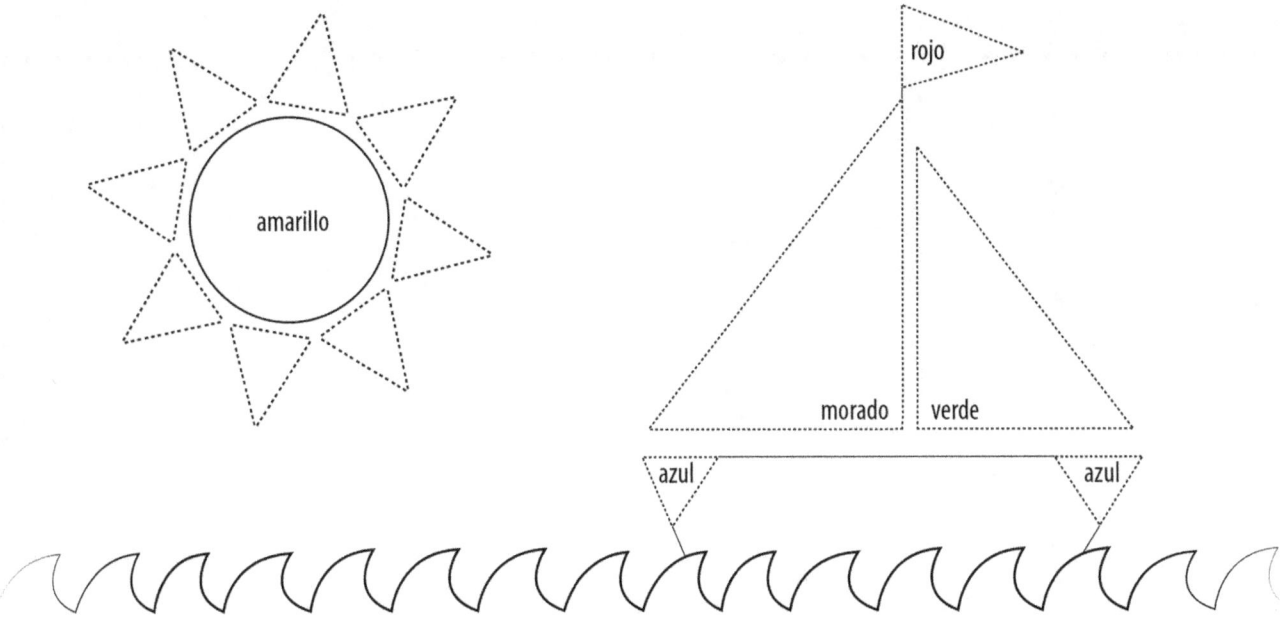

Lee la palabra. Traza la palabra. Escribe la palabra por tu cuenta.

| triángulo | triángulo |

Nombre:_____

Triángulo

Practica dibujar **triángulos**.

Practica escribir **triángulo** por tu cuenta.

Denver International SchoolHouse

Nombre:_____

Trapezoide

*Traza los **trapezoides**.*

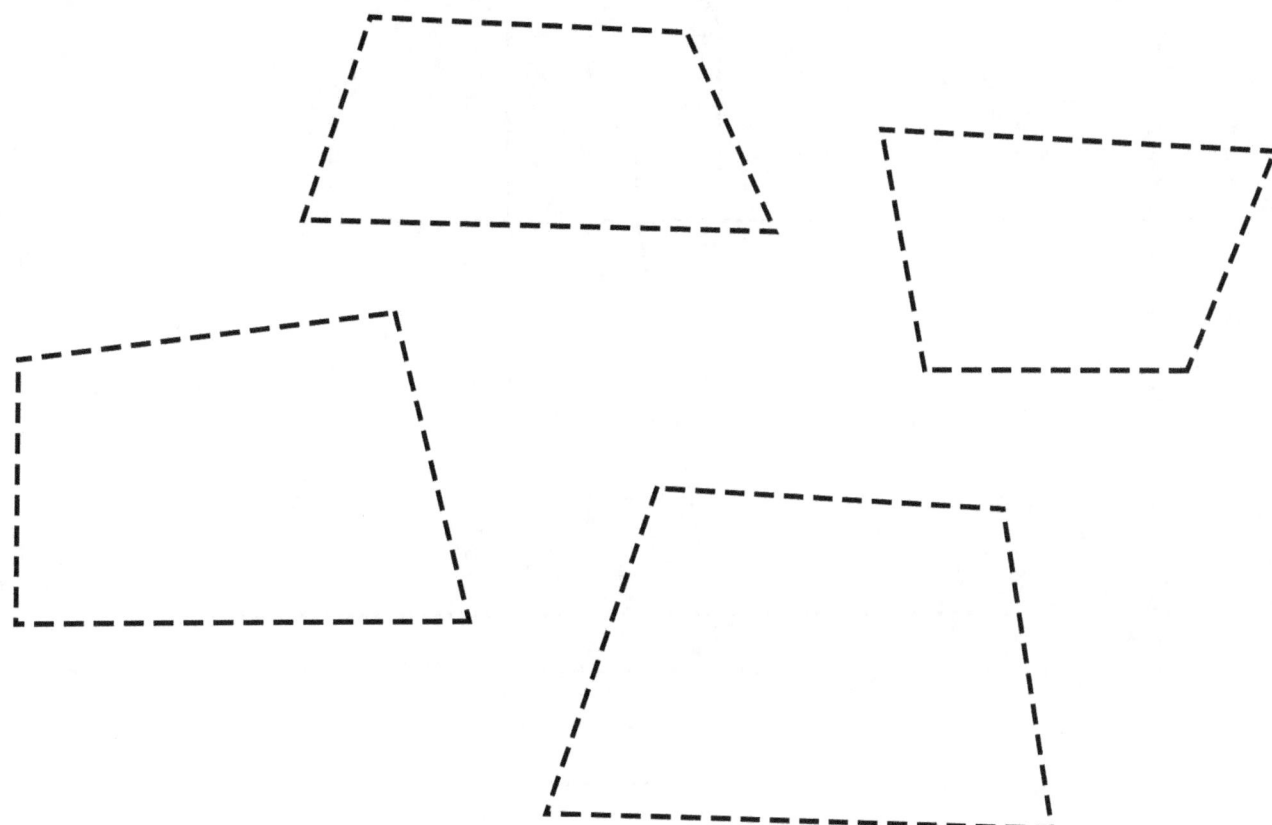

Traza la palabra.

trapezoide

Nombre:_____

Trapezoide

*Traza los **trapezoides**.*

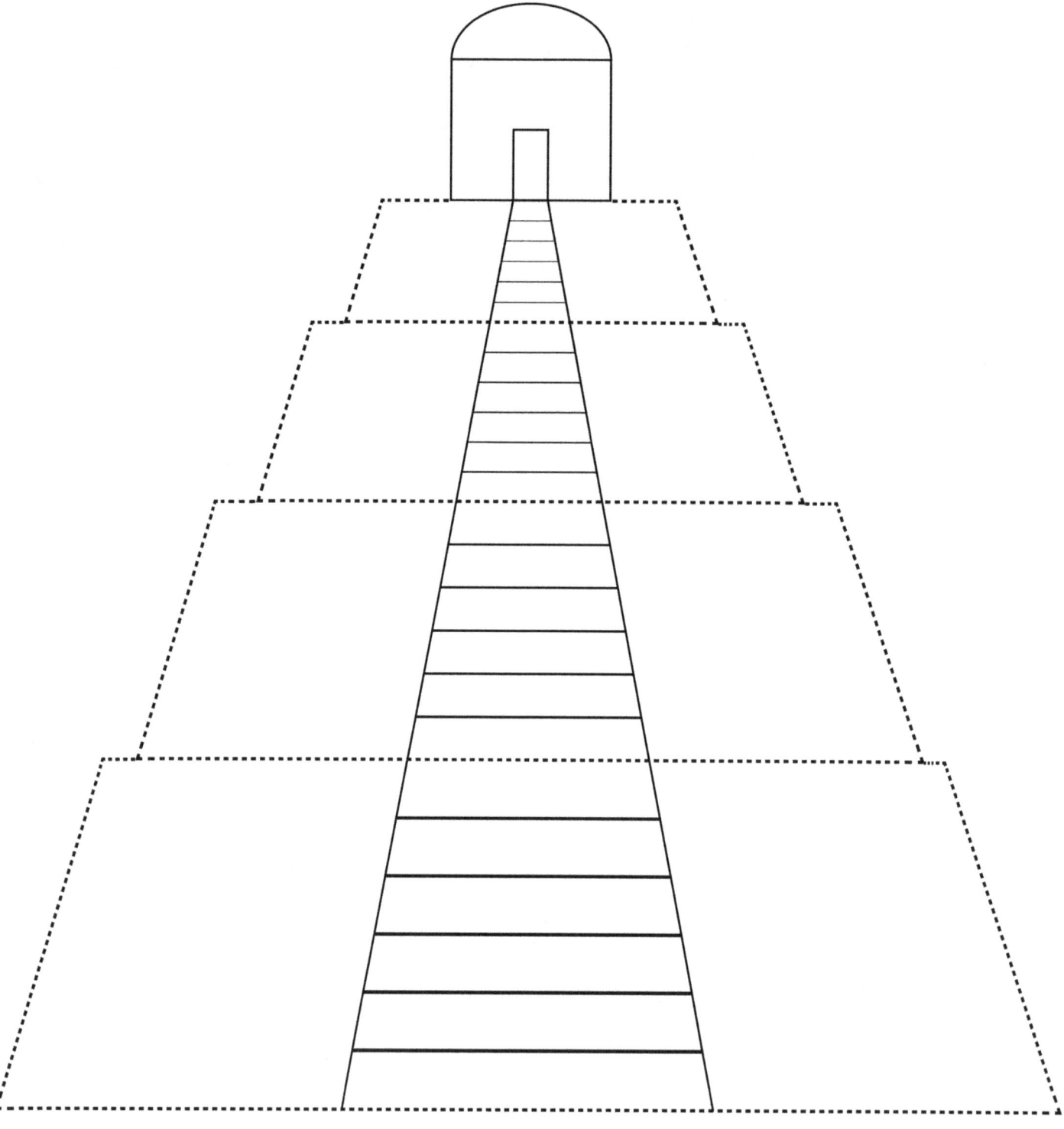

Denver International SchoolHouse

Nombre:_____

Trapezoide

*Traza los **trapezoides** y luego colorea.*

Nombre:_____

Trapezoide

Colorea los *trapeziodes*.

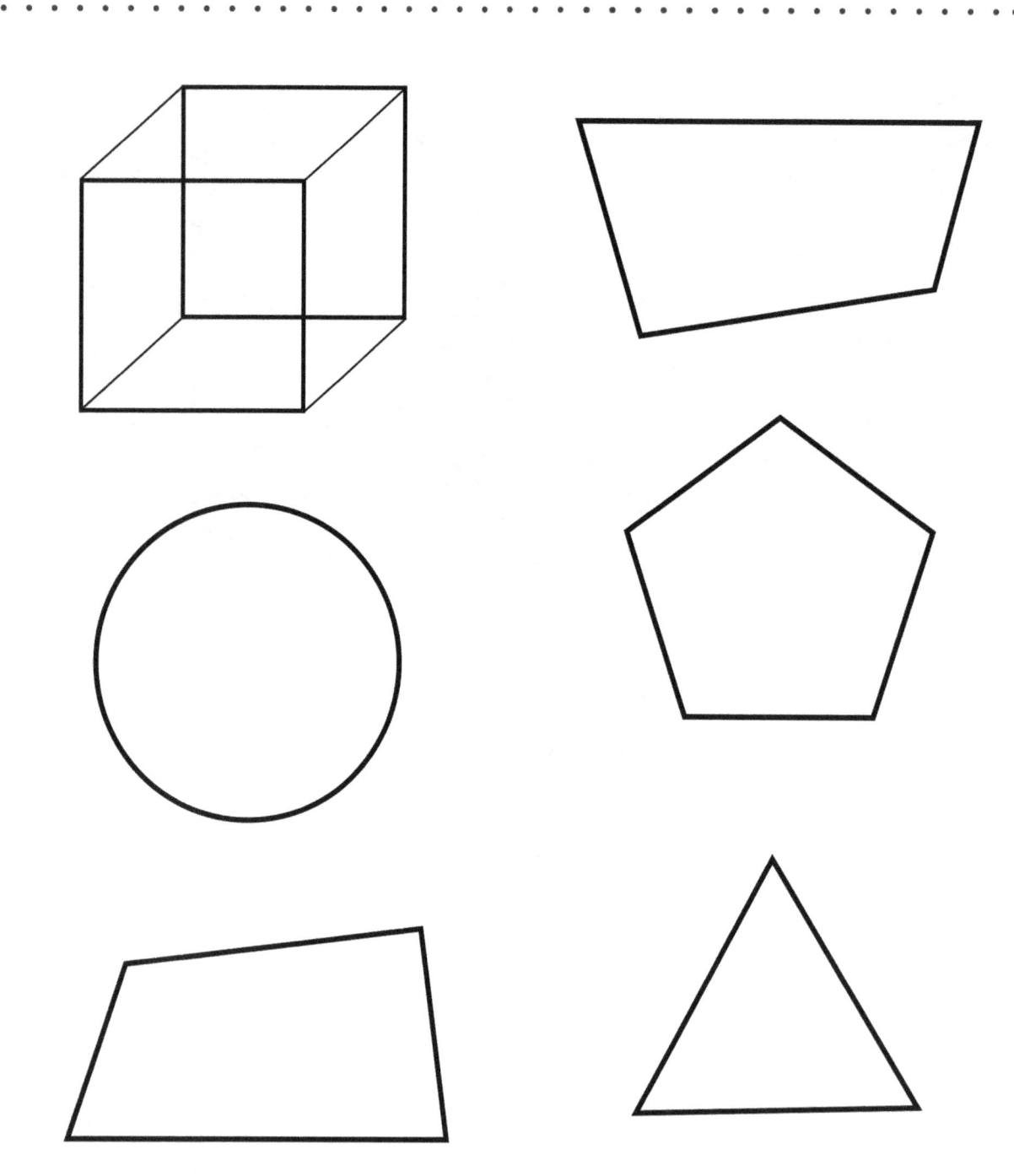

Denver International SchoolHouse

Nombre:_____

Traza, colorea y escribe

Traza y colorea cada **trapezoide** con el crayón correcto.

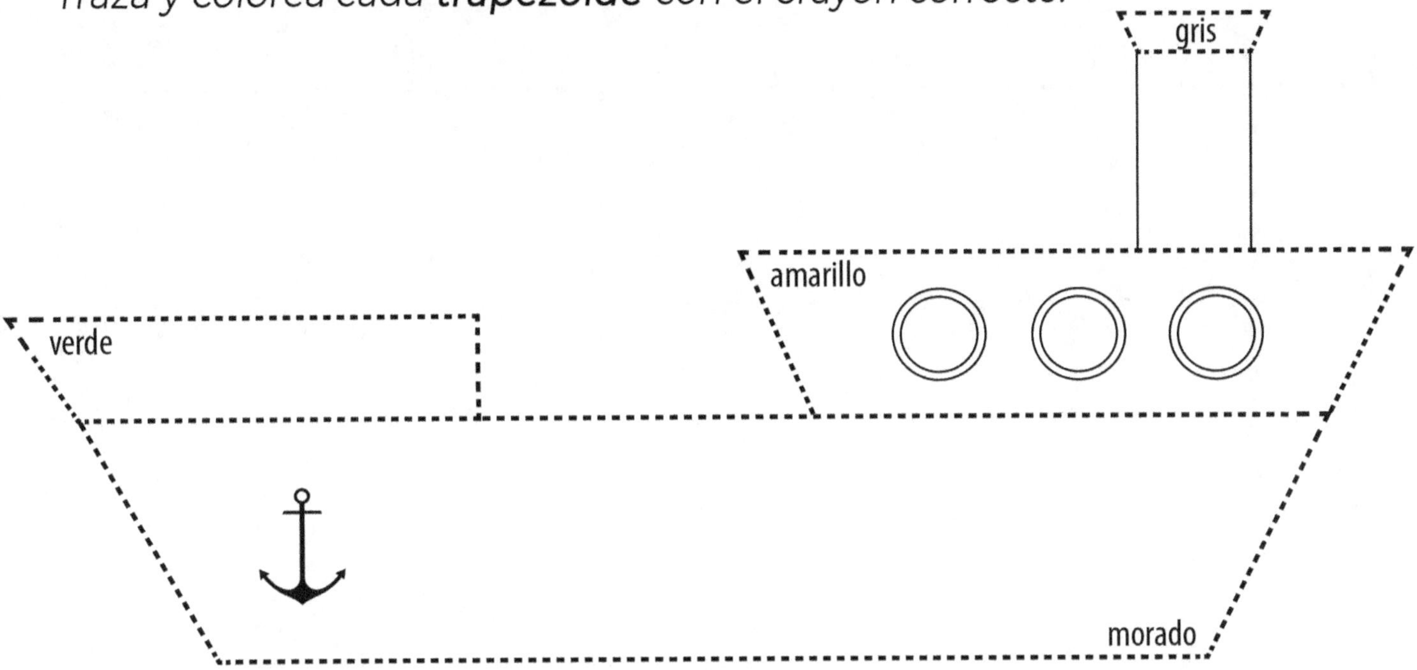

gris
amarillo
verde
morado

Lee la palabra. Traza la palabra. Escribe la palabra por tu cuenta.

| trapezoide | Trapezoide |

Nombre:_____

Trapezoide

*Practica dibujar **trapezoides**.*

*Practica escribir **tapezoide** por tu cuenta.*

Nombre:_____

Rectángulo

Traza los **rectángulos**.

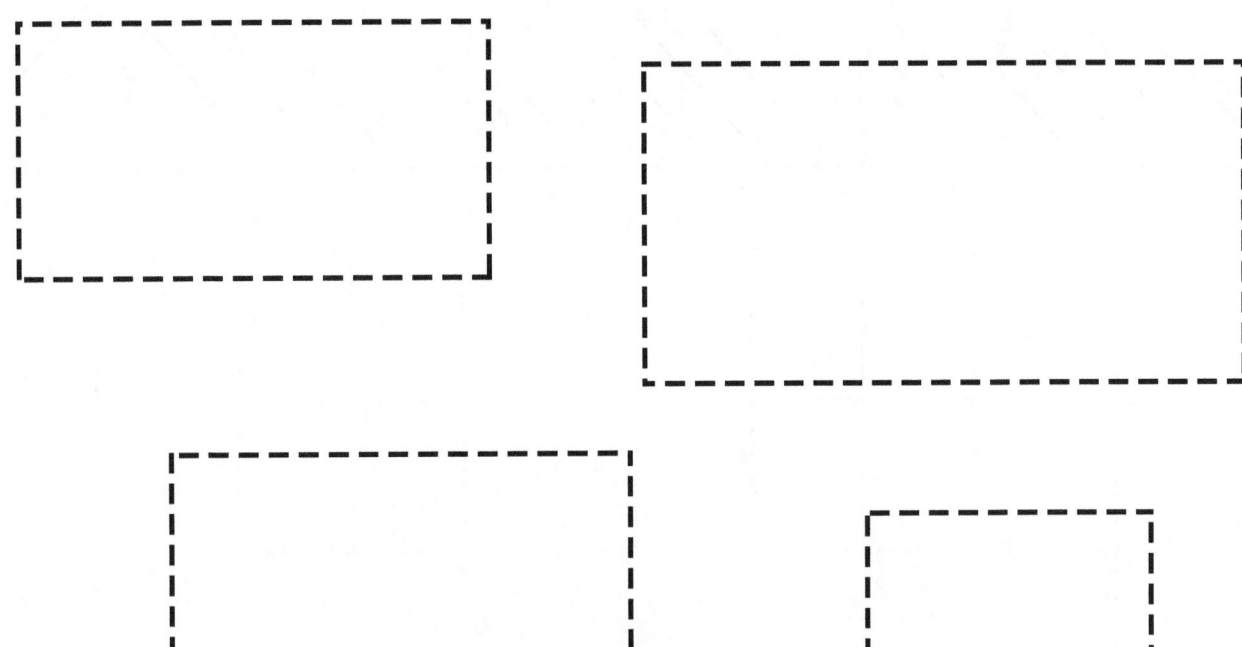

Traza la palabra.

rectángulo

Nombre:_____

Rectángulo

Traza los **rectángulos**.

Nombre:_____

Rectángulo

*Traza los **rectángulos** y luego colorea.*

Rectángulo

Colorea los **rectángulos**.

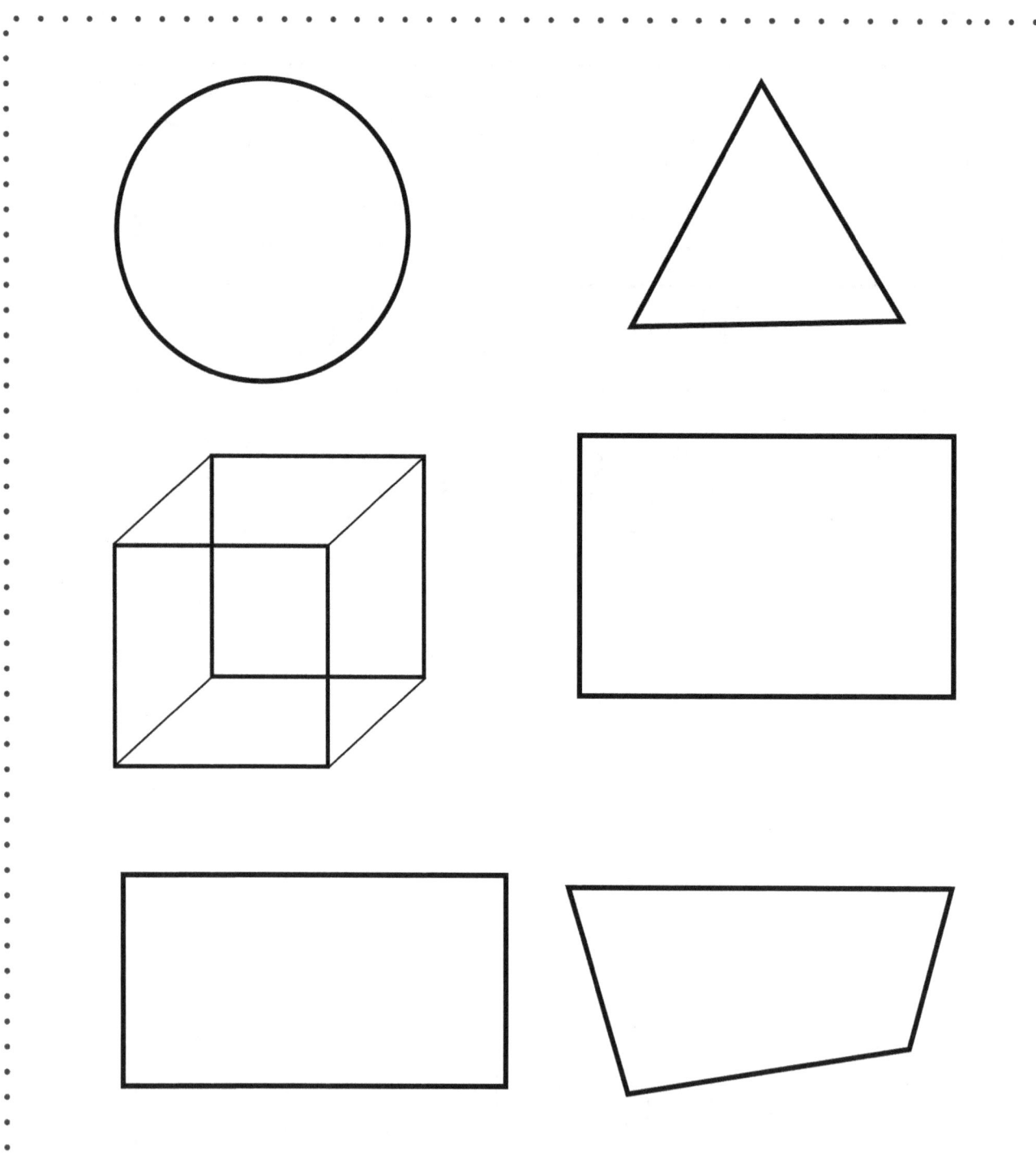

Nombre:_____

Traza, colorea y escribe

Traza y colorea cada **rectángulo** con el crayón correcto.

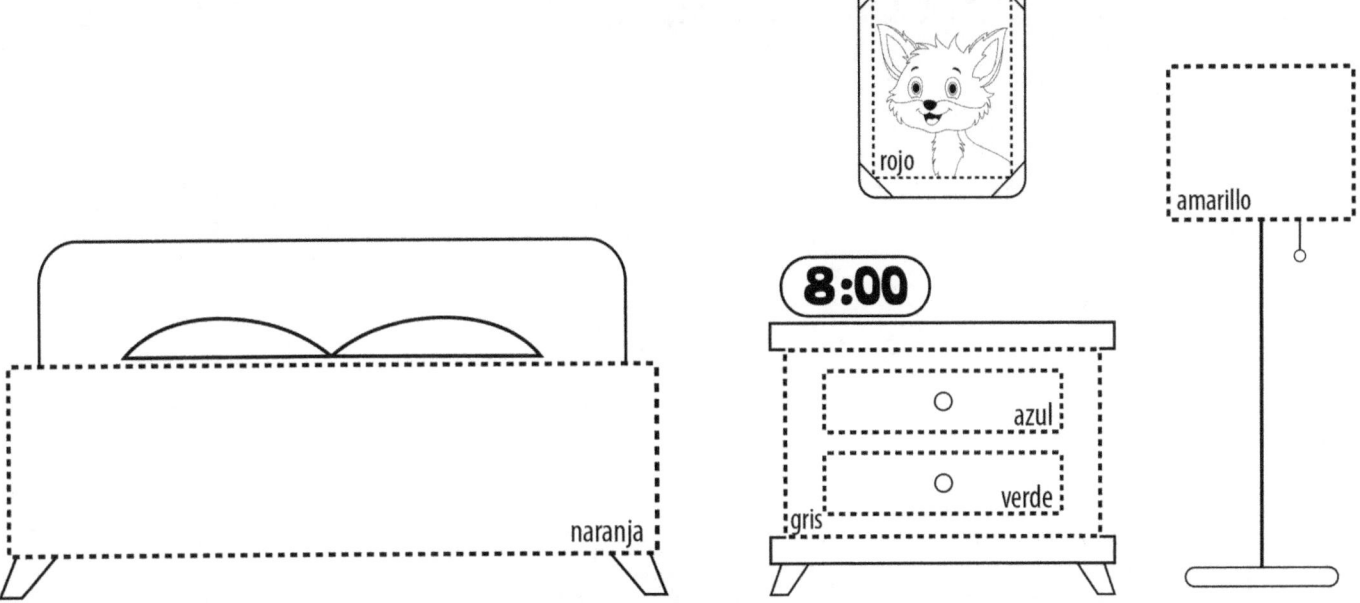

Lee la palabra. Traza la palabra. Escribe la palabra por tu cuenta.

| rectángulo | rectángulo |

Nombre:_____

Rectángulo

*Practica dibujar **rectángulos**.*

*Practica escribir **rectángulo** por tu cuenta.*

Nombre:_____

Pentágono

*Traza los **pentágonos**.*

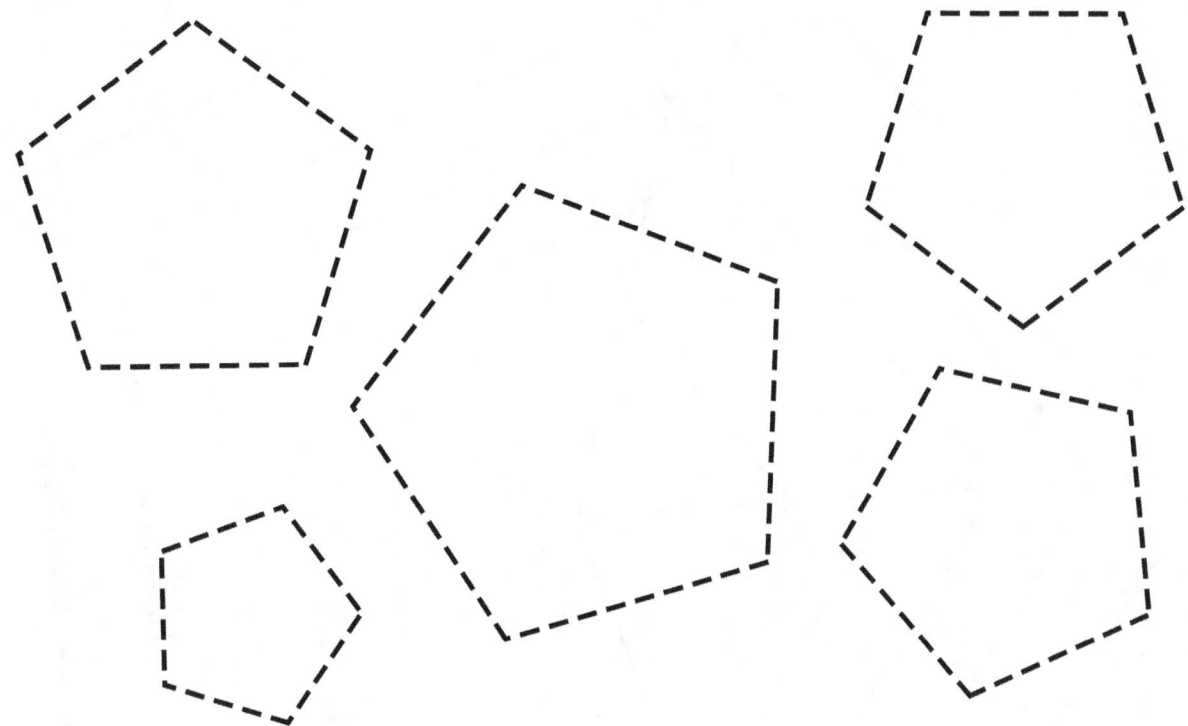

Traza la palabra.

pentágono

Nombre:_____

Pentágono

Traza los **pentágonos**.

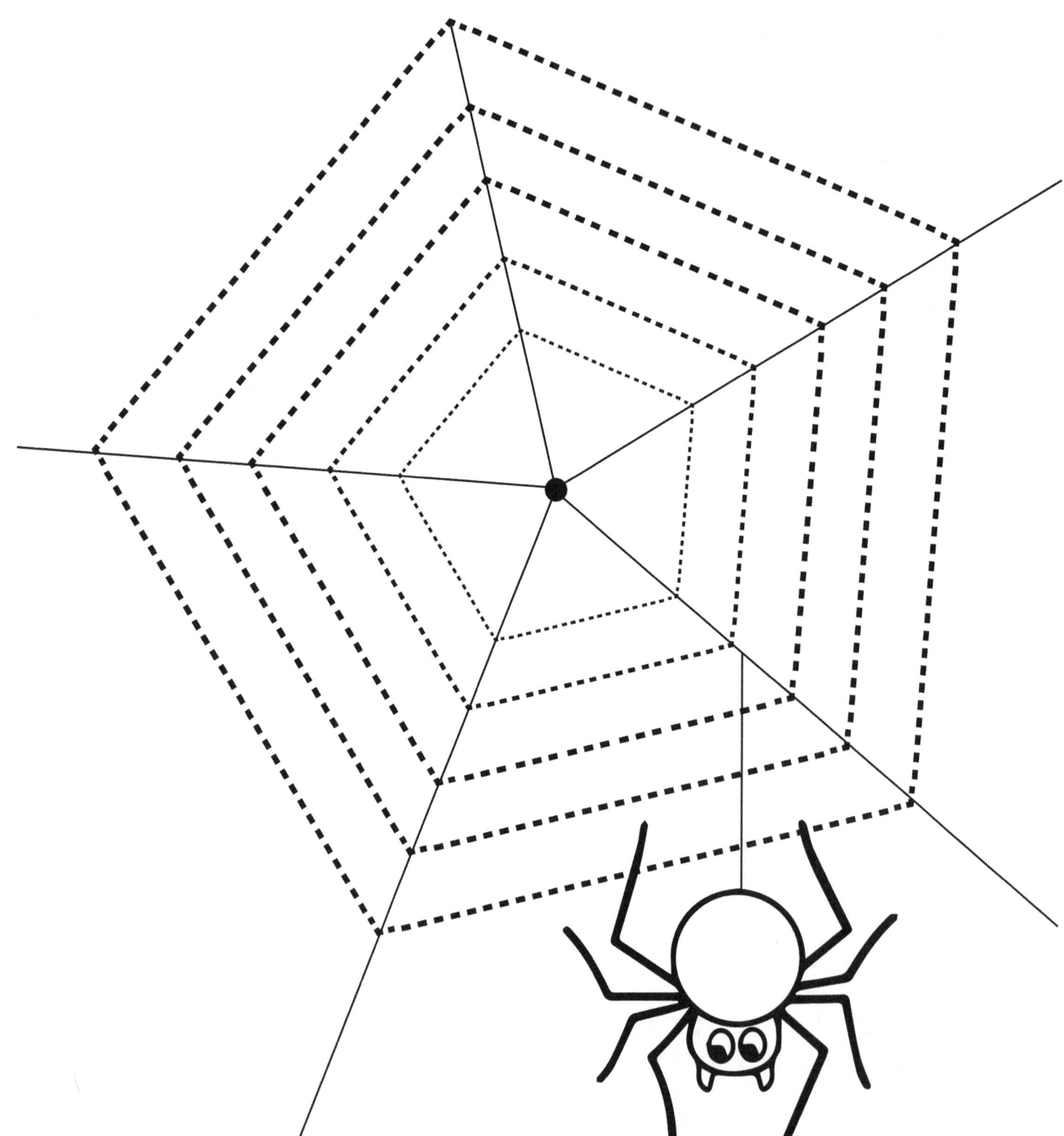

Pentágono

*Traza los **pentágonos** y luego colorea.*

Nombre:_____

Pentágono

*Colorea los **pentágonos**.*

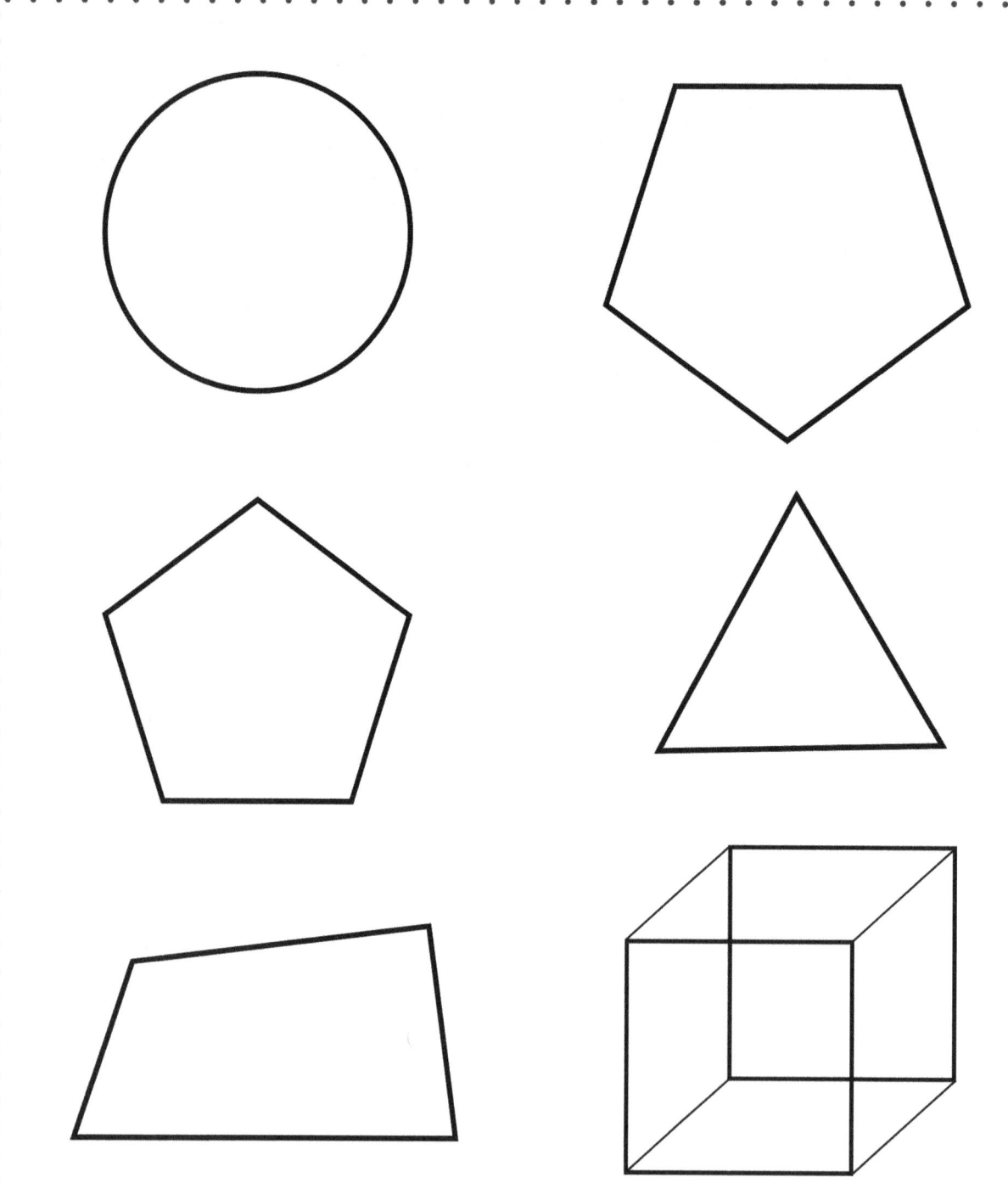

Nombre:_____

Traza, colorea y escribe

Traza y colorea cada **pentágono** con el crayón correcto.

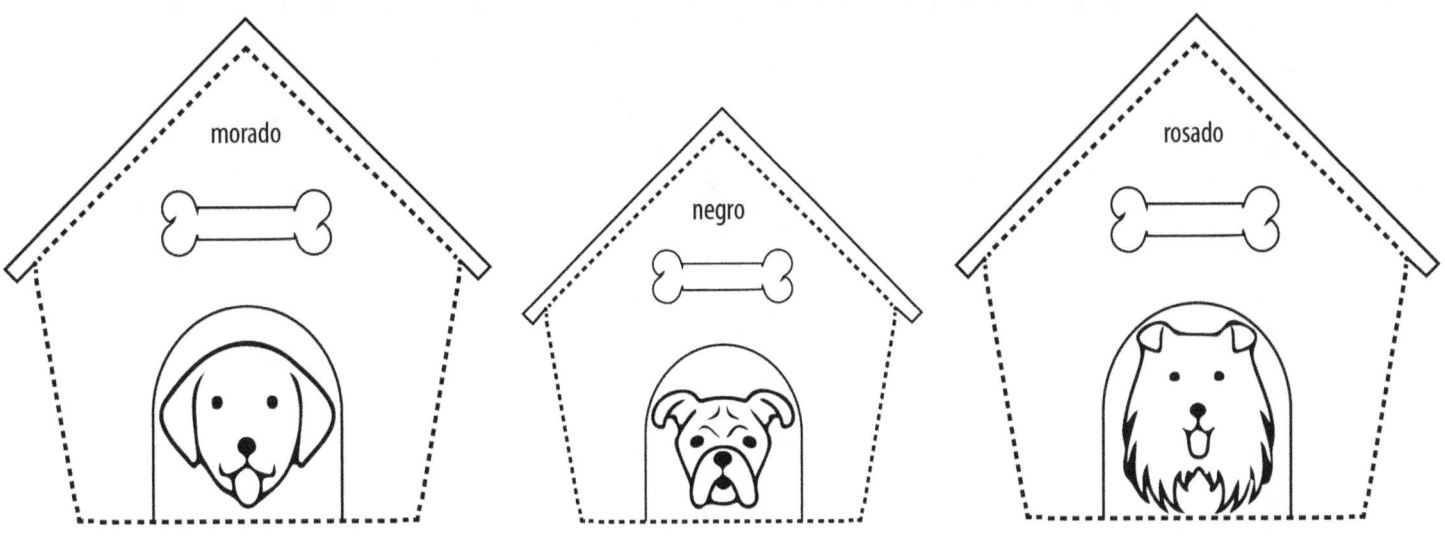

Lee la palabra. Traza la palabra. Escribe la palabra por tu cuenta.

pentágono pentágono

Nombre:_____

Pentágono

*Practica dibujar **pentágonos**.*

*Practica escribir **pentágono** por tu cuenta.*

Denver International SchoolHouse

Nombre:_____

Estrella

Traza las **estrellas**.

Traza la palabra.

estrella

Nombre:_____

Estrella

*Traza las **estrellas**.*

Denver International SchoolHouse

Nombre:_____

Estrella

Traza las **estrellas** y luego colorea.

Nombre:_____

Estrella

*Colorea las **estrellas**.*

Nombre:_____

Traza, colorea y escribe

*Traza y colorea cada **estrella** con el crayón correcto.*

Lee la palabra. Traza la palabra. Escribe la palabra por tu cuenta.

| estrella | estrella |

Nombre:_____

Estrella

*Practica dibujar **estrellas**.*

*Practica escribir **estrella** por tu cuenta.*

*Nombre:*_____

Hexágono

*Traza los **hexágonos**.*

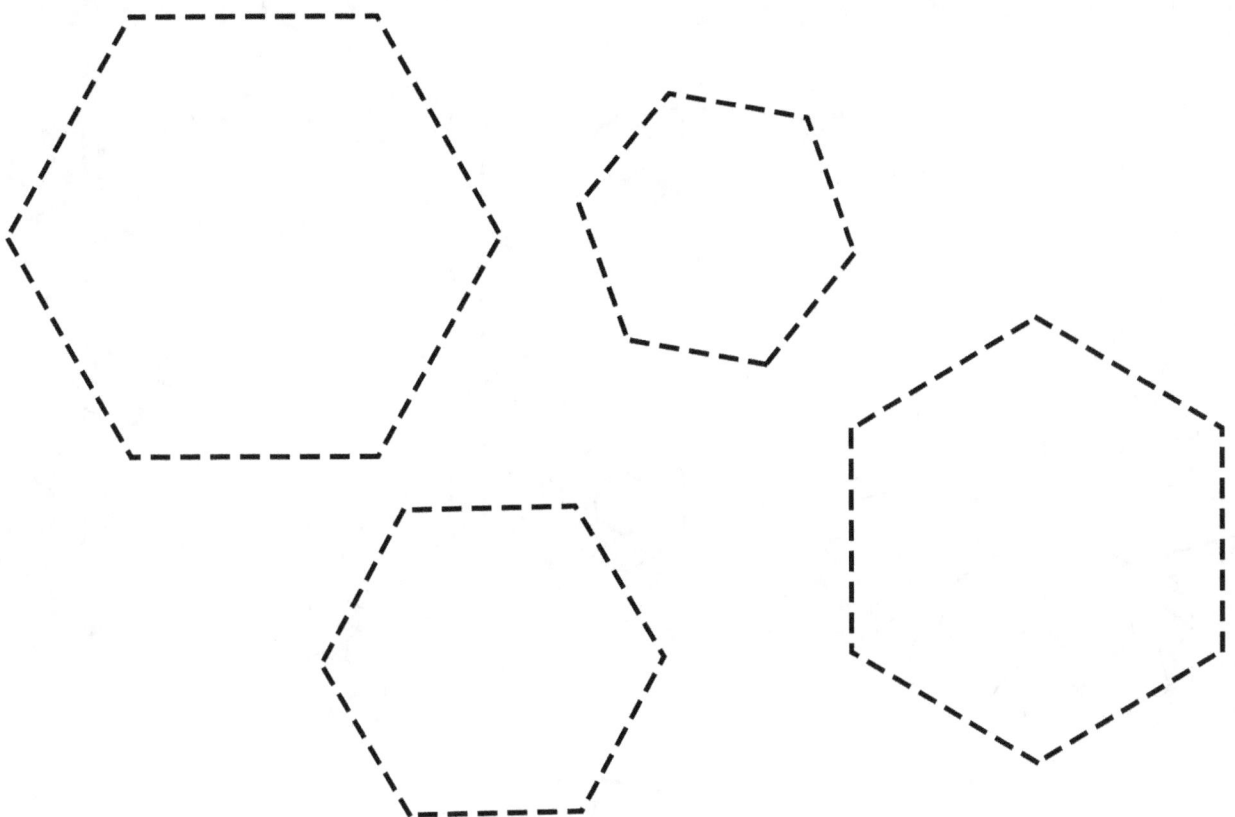

Traza la palabra.

hexágono

Hexágono

Nombre:_____

Traza los **hexágonos**.

Nombre:_____

Hexágono

*Traza los **hexágonos** y luego colorea.*

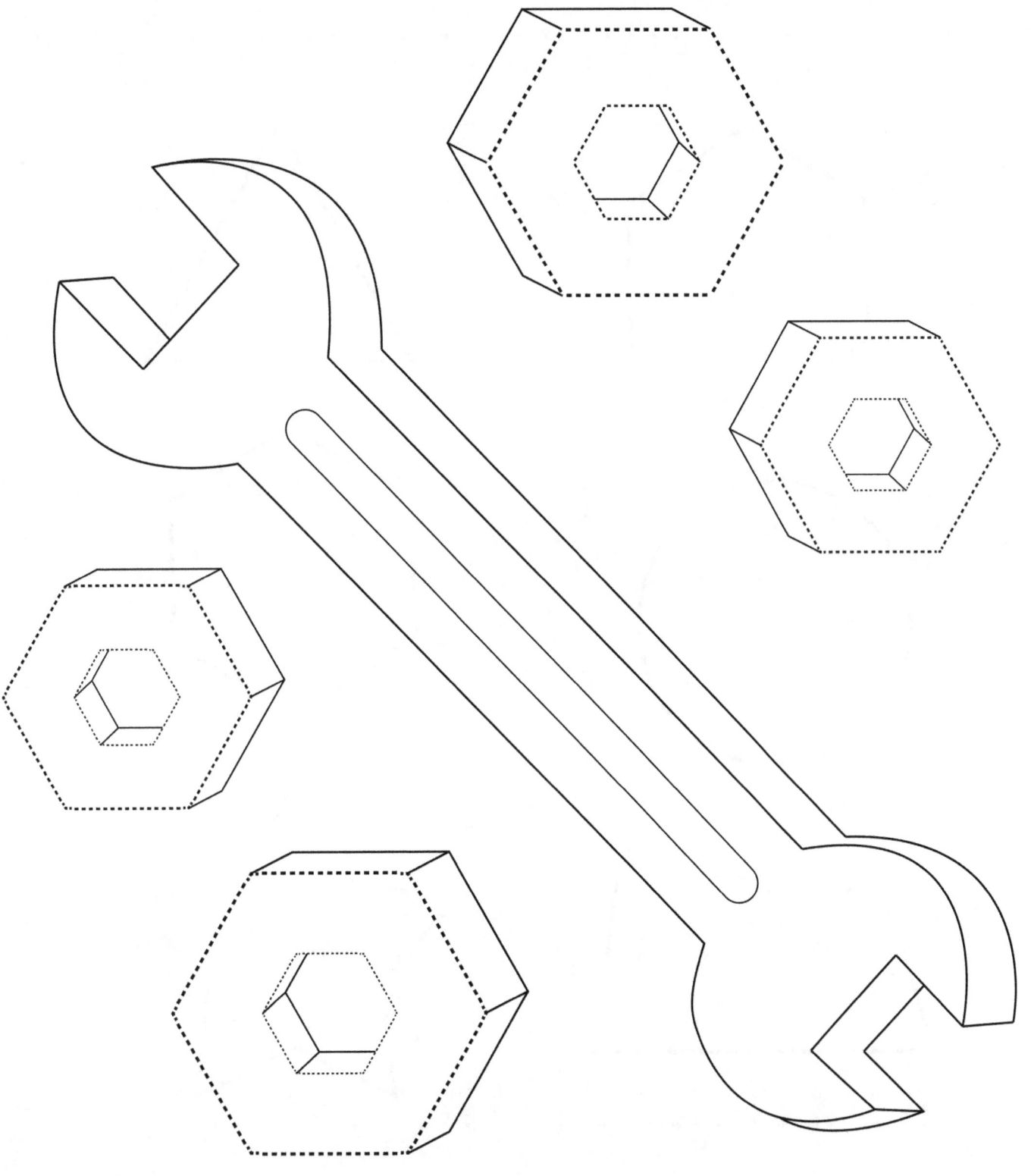

Nombre:_____

Hexágonos

Colorea los **hexágonos**.

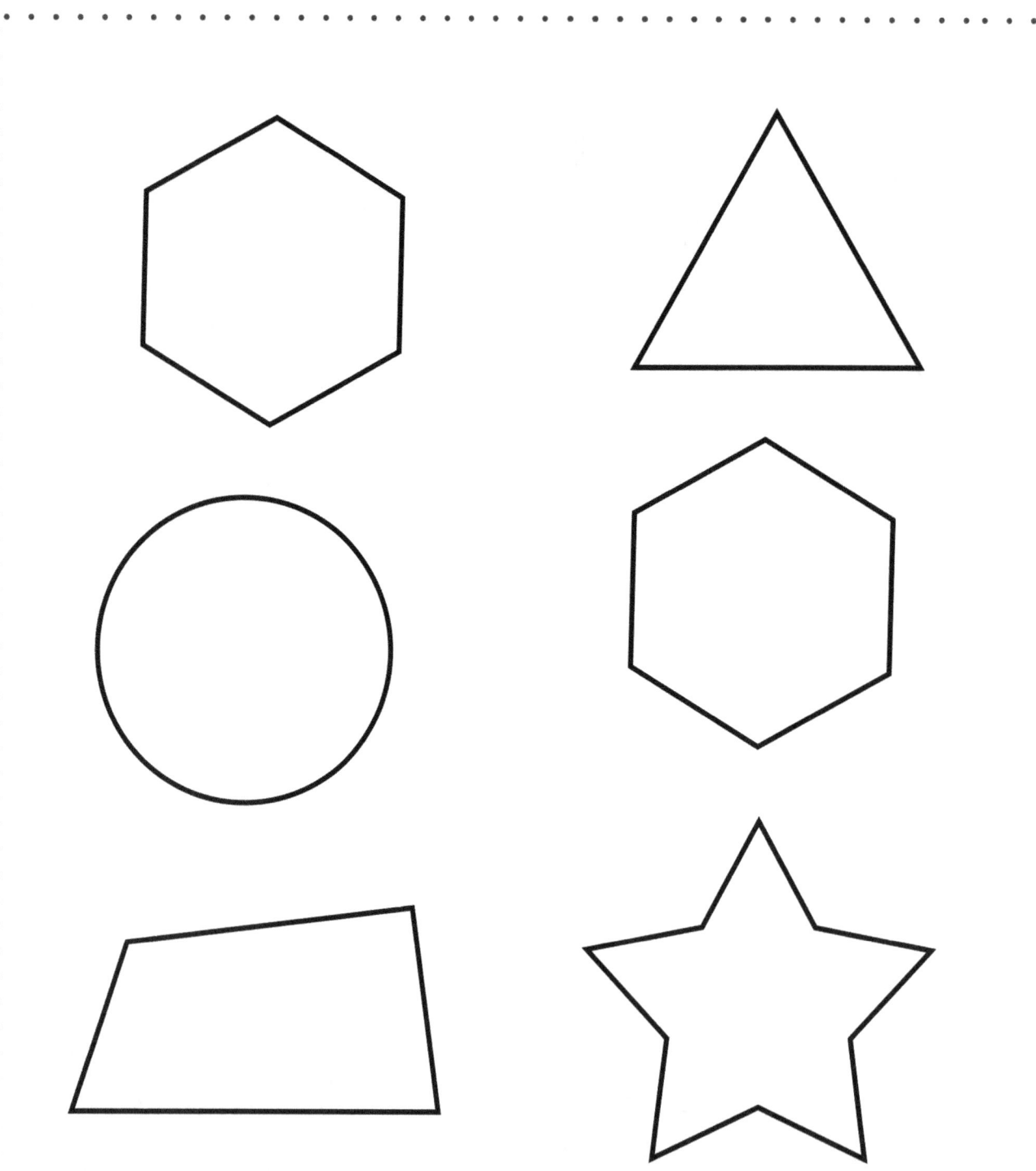

Nombre:_____

Traza, colorea y escribe

Traza y colorea cada **hexágono** con el crayón correcto.

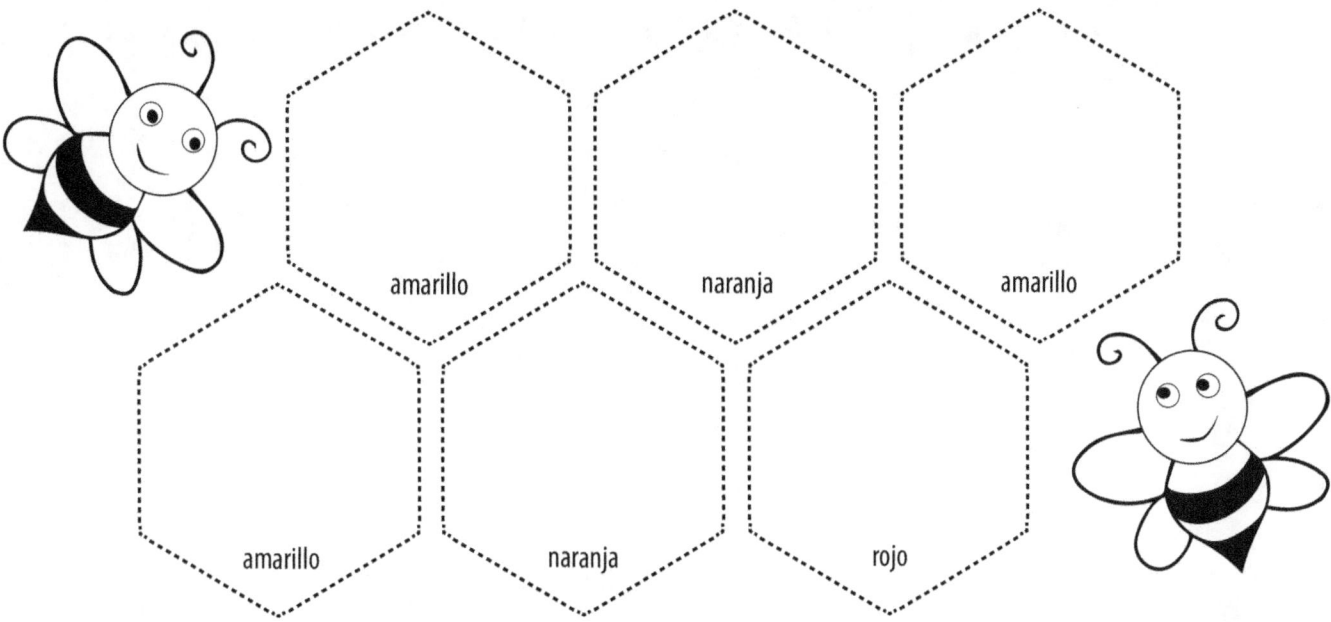

Lee la palabra. Traza la palabra. Escribe la palabra por tu cuenta.

| hexágono | hexágono |

Nombre:_____

Hexágono

*Practica dibujar **hexágonos**.*

*Practica escribir **hexágon** por tu cuenta.*

Nombre:_____

Rombo

Traza los **rombos**.

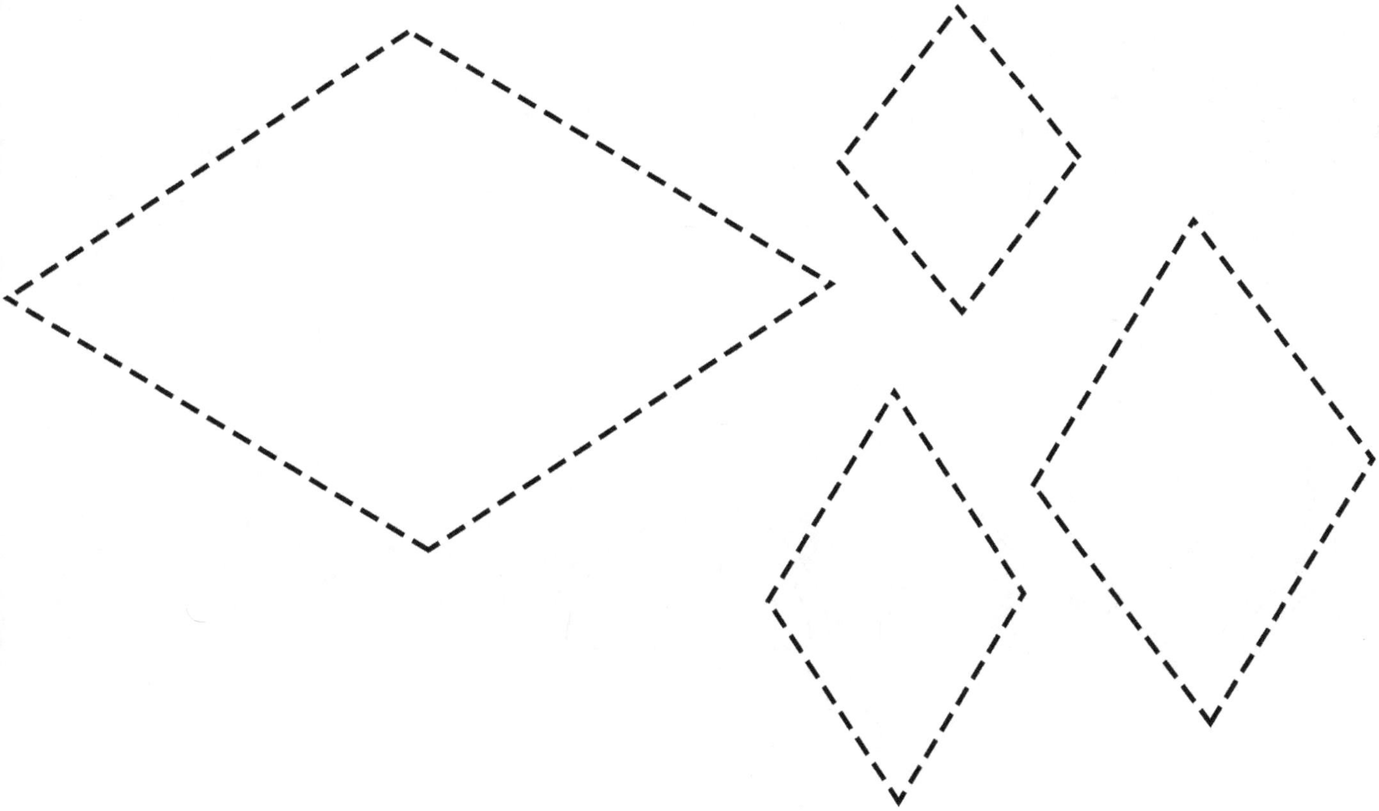

Traza la palabra.

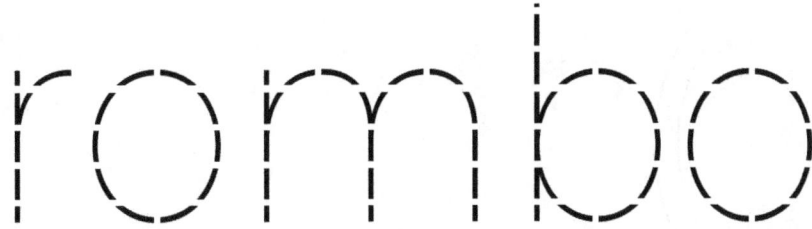

Nombre:_____

Rombo

Traza los **rombos**.

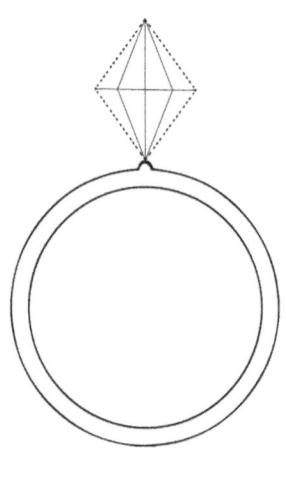
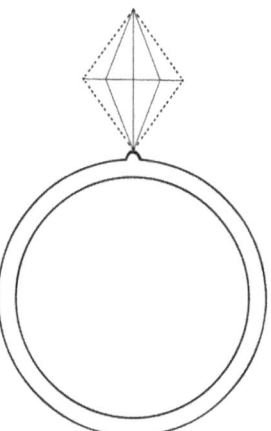
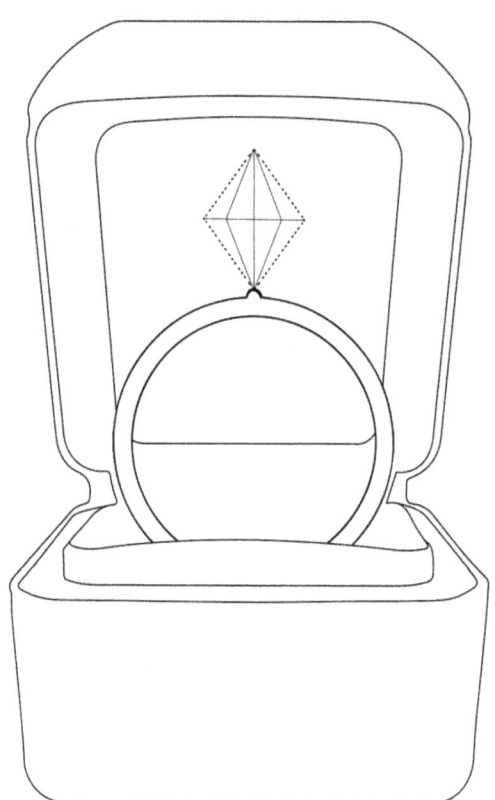
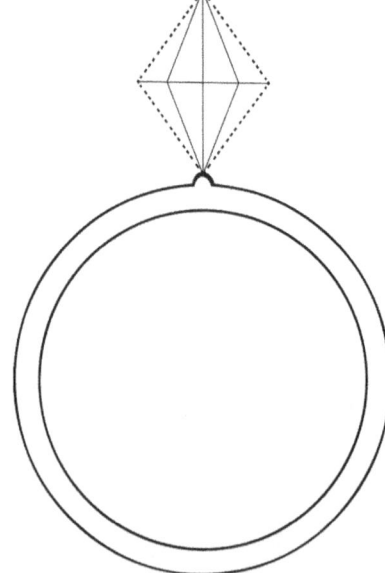

Nombre:_____

Rombo

Traza los **rombos** y luego colorea.

Nombre:_____

Rombo

*Colorea los **rombos**.*

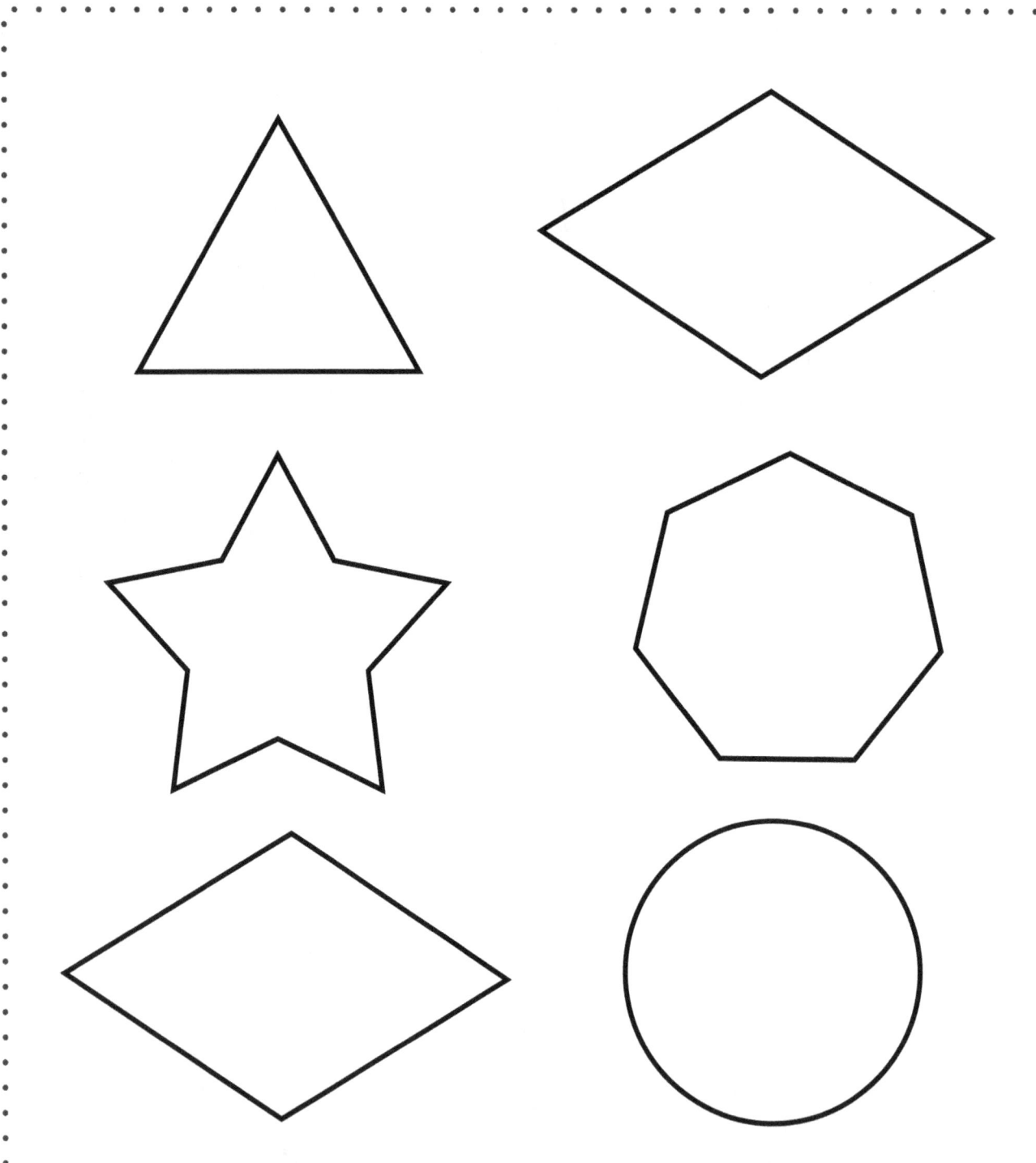

Nombre:_____

Traza, colorea y escribe

Traza y colorea cada **rombo** con el crayón correcto.

Lee la palabra. Traza la palabra. Escribe la palabra por tu cuenta.

| rombo | rombo |

Nombre:_____

Rombo

*Practica dibujar **rombo**.*

*Practica escribir **rombo** por tu cuenta.*

Nombre:_____

Heptágono

*Traza los **heptágonos**.*

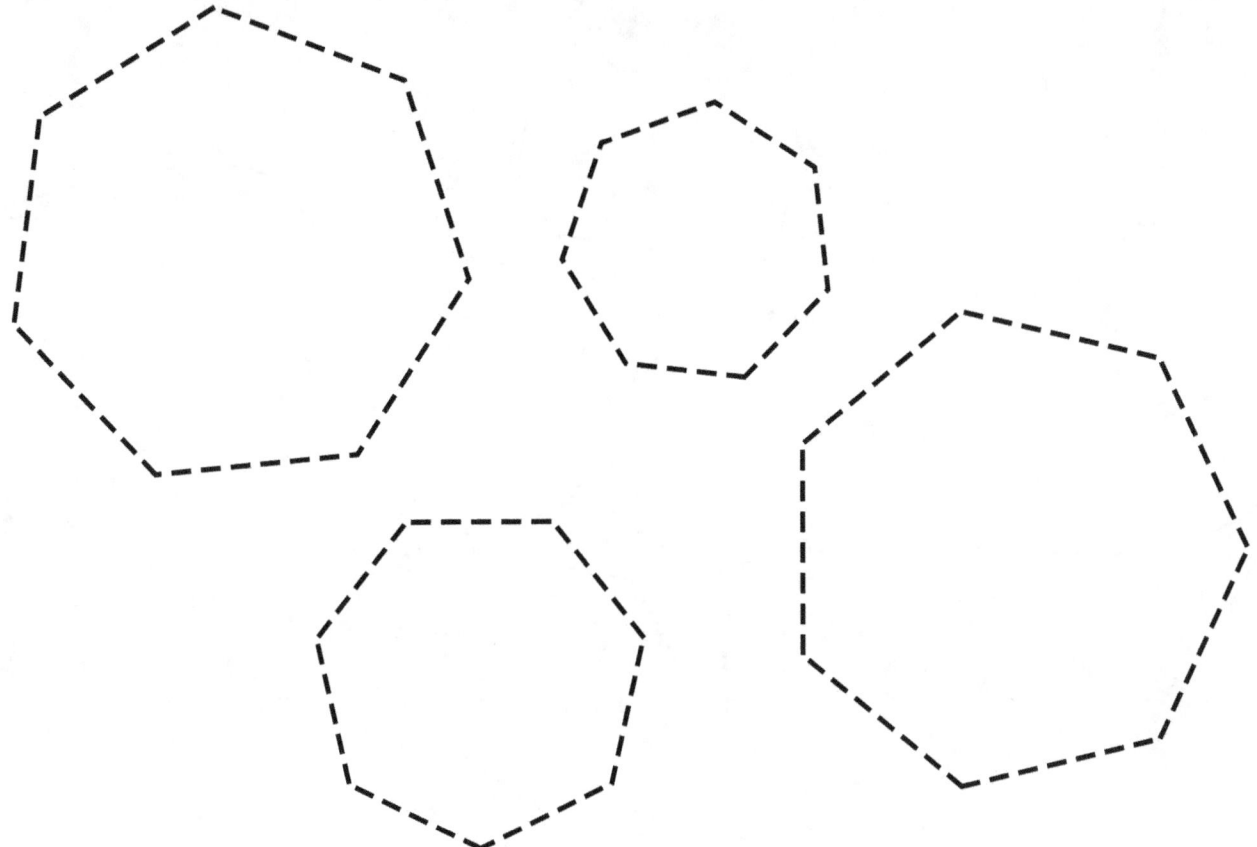

Traza la palabra.

heptágono

Nombre:_____

Heptágono

Traza los **heptágonos**.

Denver International SchoolHouse

Heptágono

*Traza los **heptágonos** y luego colorea.*

Heptágonos

*Colorea los **heptágonos**.*

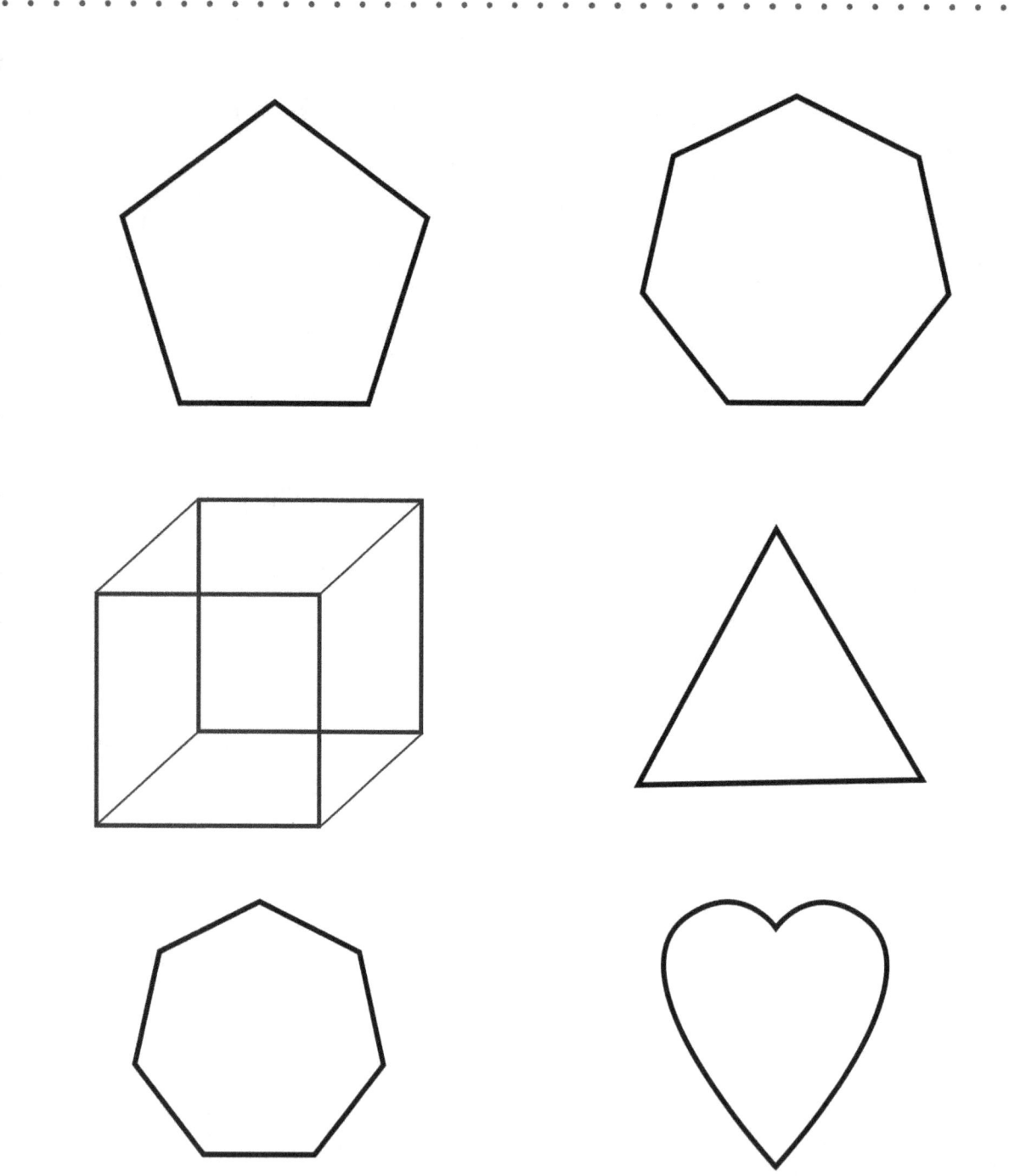

Nombre:_____

Traza, colorea y escribe

Traza y colorea cada **heptágono** con el crayón correcto.

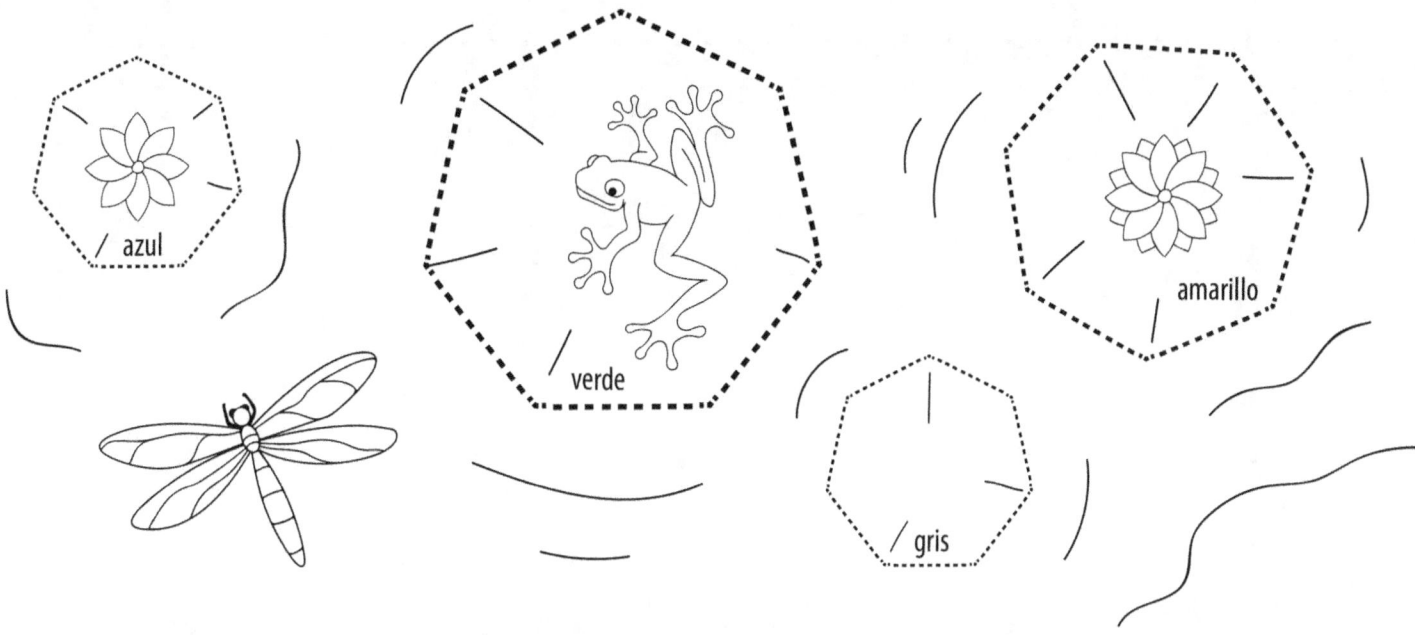

Lee la palabra. Traza la palabra. Escribe la palabra por tu cuenta.

| heptágono | heptágono |

Nombre:_____

Heptágono

Practica dibujar **heptágonos**.

Practica escribir **heptágono** por tu cuenta.

Corazón

*Traza los **corazones**.*

Traza la palabra.

corazón

Corazón

Traza los **corazones**.

Corazón

*Traza los **corazones** y luego colorea.*

Corazón

*Colorea los **corazones***

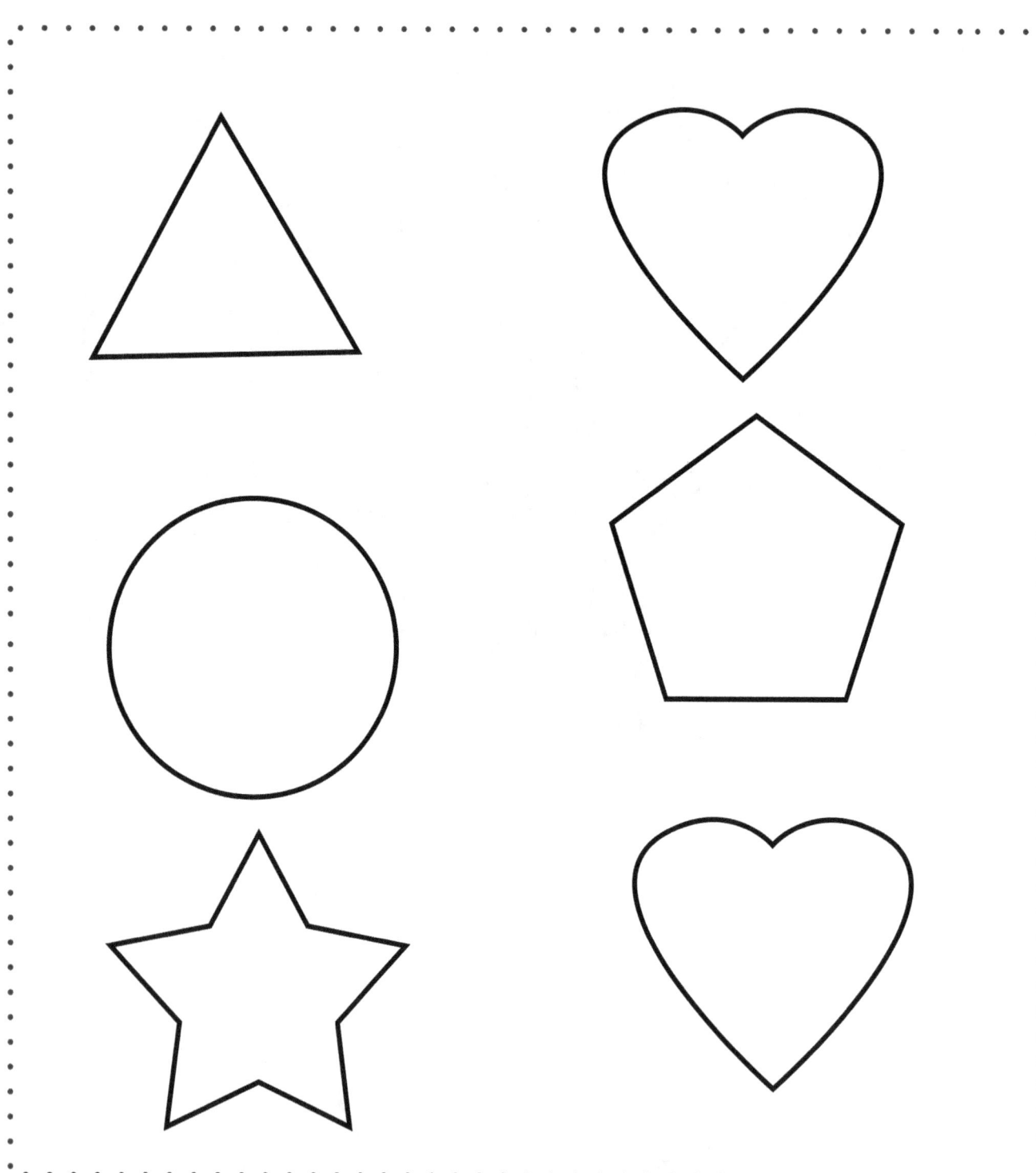

Traza, colorea y escribe

Traza y colorea cada **corazón** con el crayón correcto.

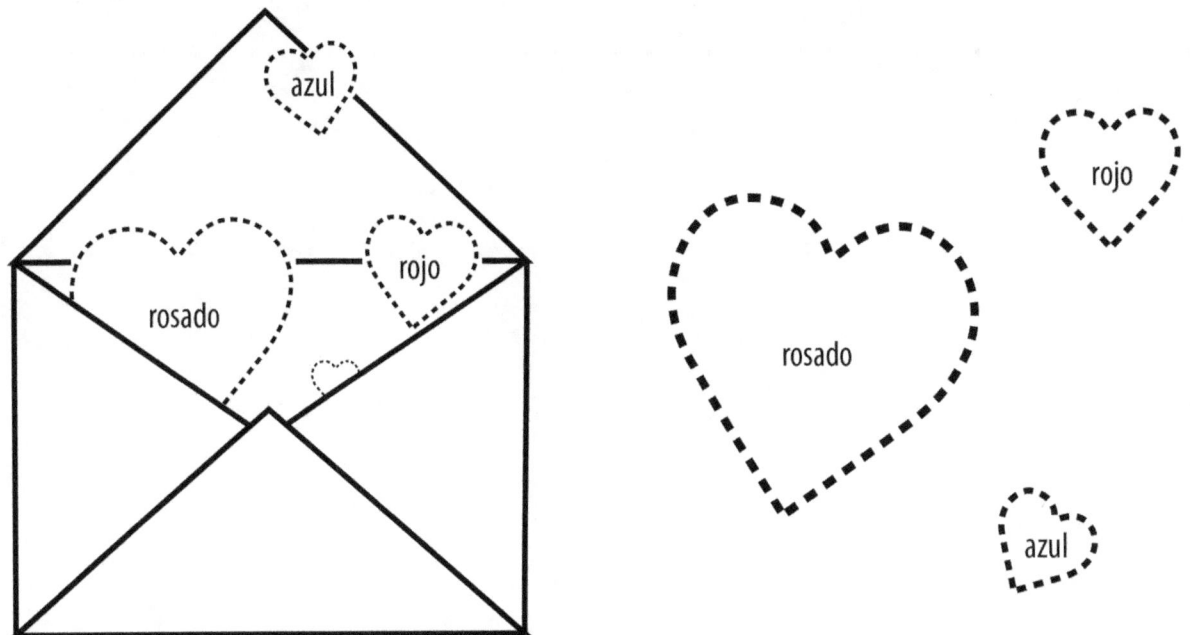

Lee la palabra. Traza la palabra. Escribe la palabra por tu cuenta.

| corazón | corazón |

Corazón

*Practica dibujar **corazones***

*Practica escribir **corazón** por tu cuenta.*

Nombre:_____

Octágono

Traza los **octágonos**.

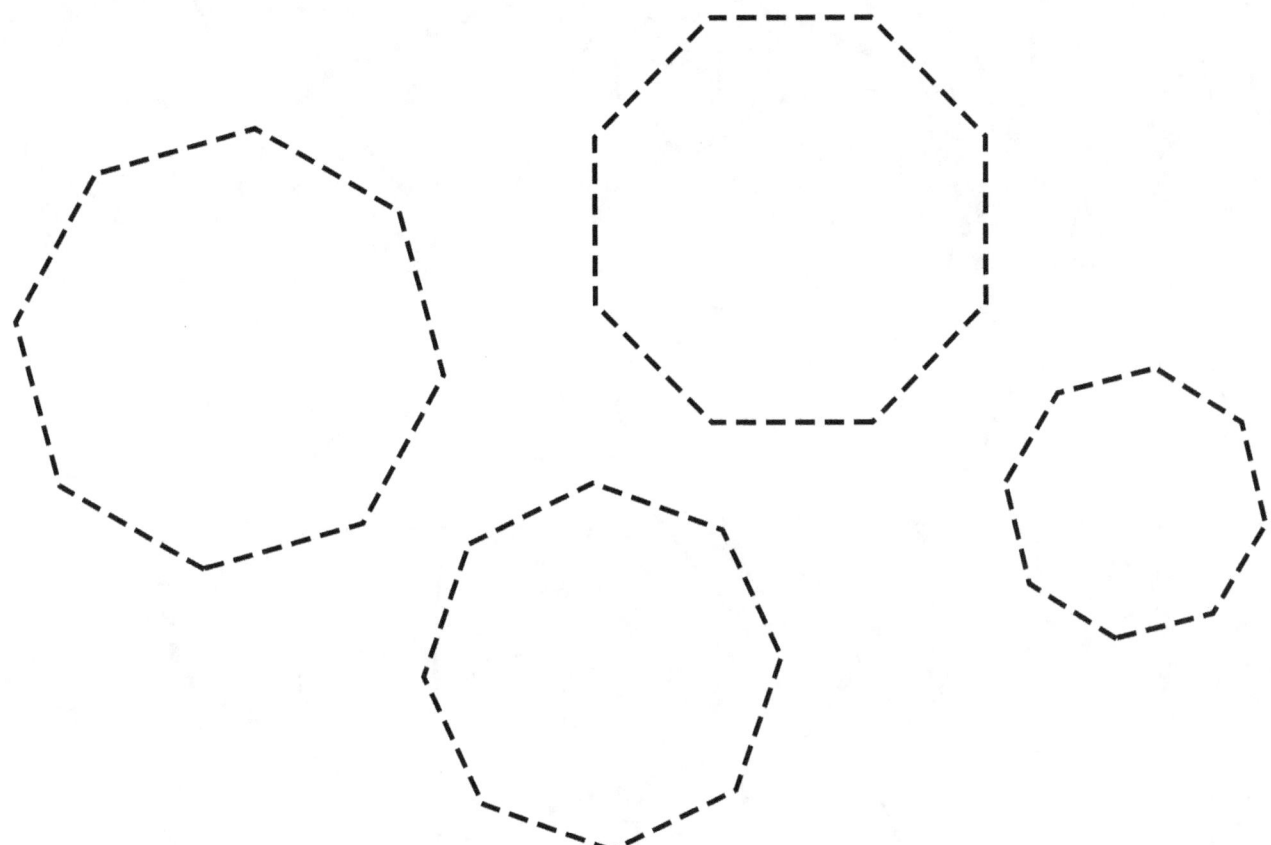

Traza la palabra.

octágono

Denver International SchoolHouse

Octágono

Nombre:_____

Traza los **octágonos**.

Nombre:_____

Octágono

*Traza los **octágonos** y luego colorea.*

Nombre:_____

Octágono

Colorea los **octágonos**.

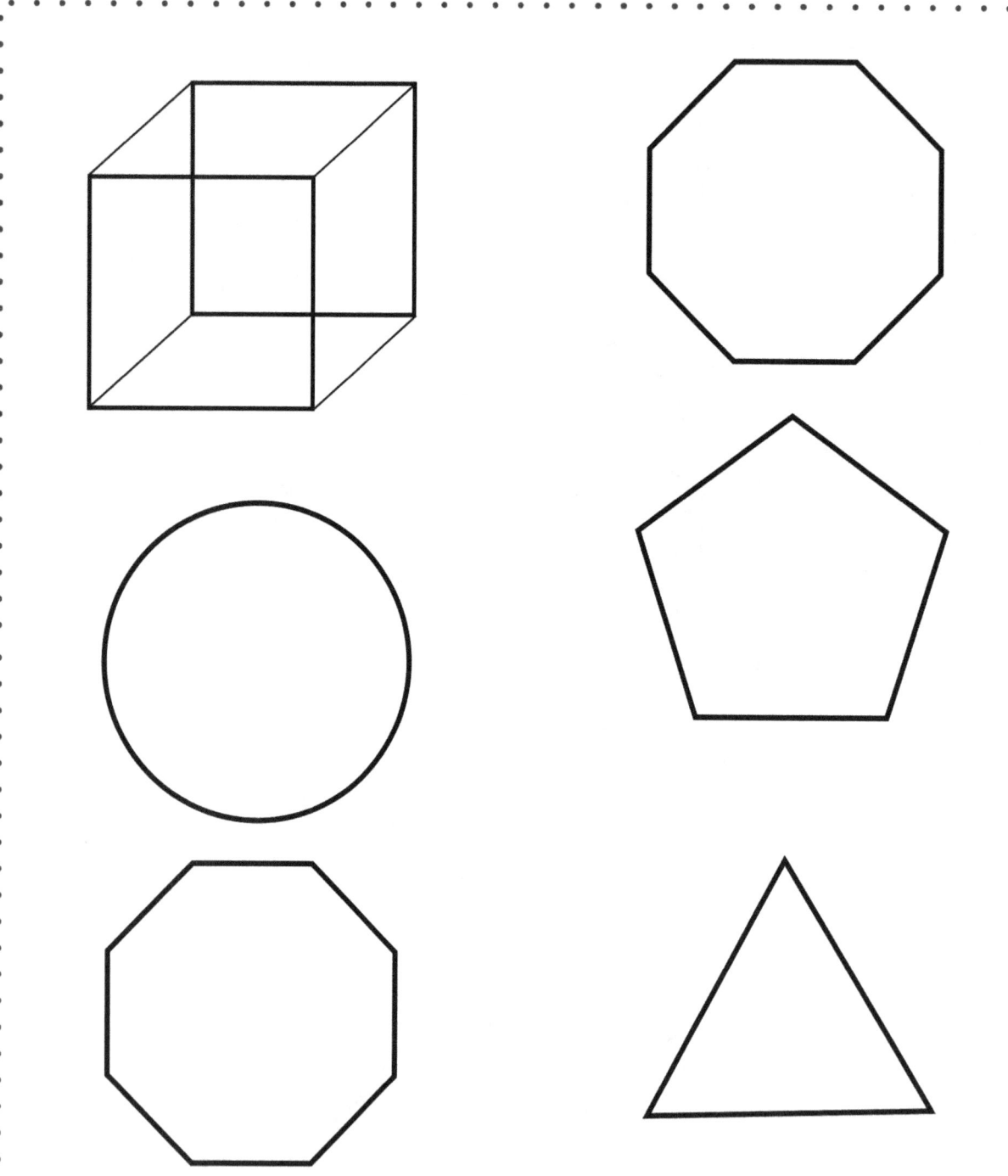

Nombre:_____

Traza, colorea y escribe

Traza y colorea cada **octágono** con el crayón correcto.

Lee la palabra. Traza la palabra. Escribe la palabra por tu cuenta.

octágono

octágono

Nombre:_____

Octágono

Practica dibujar **octágonos**.

Practica escribir **octágono** por tu cuenta.

Nombre:_____

Pirámide

*Traza las **pirámides**.*

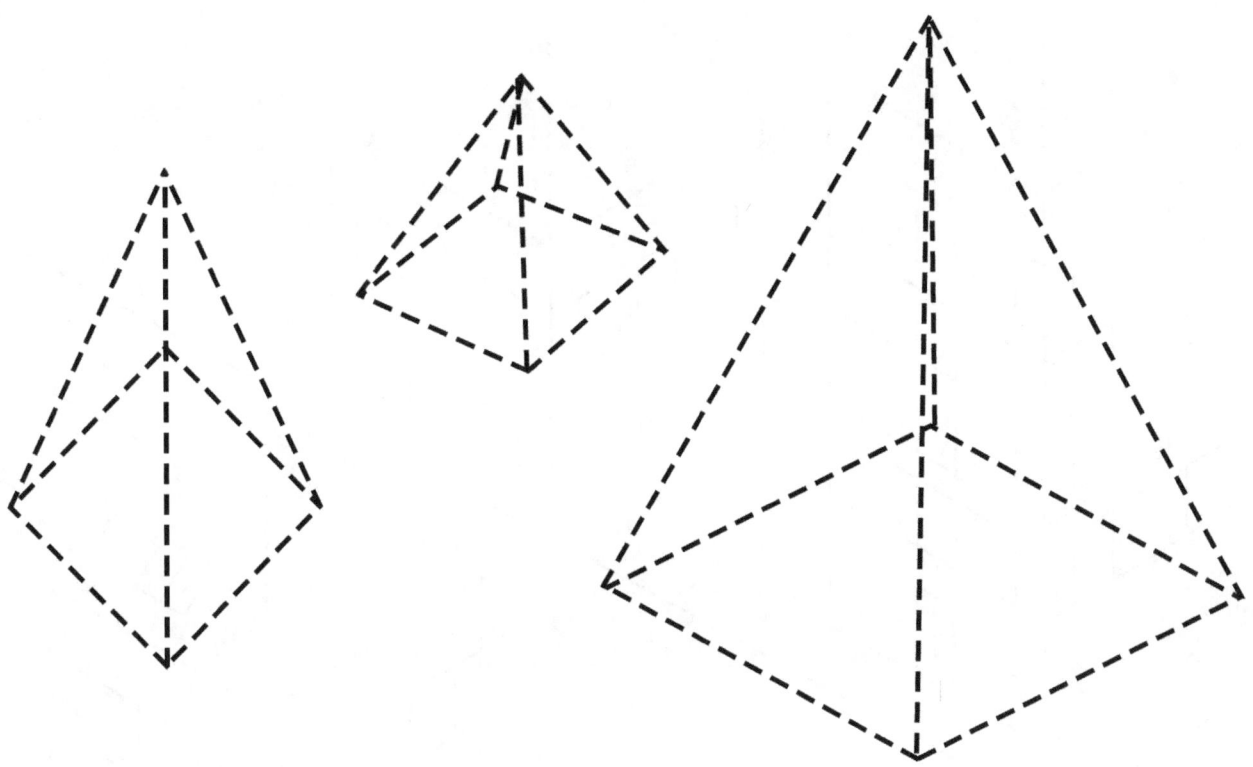

Traza la palabra.

pirámide

Nombre:_____

Pirámide

*Traza las **pirámides**.*

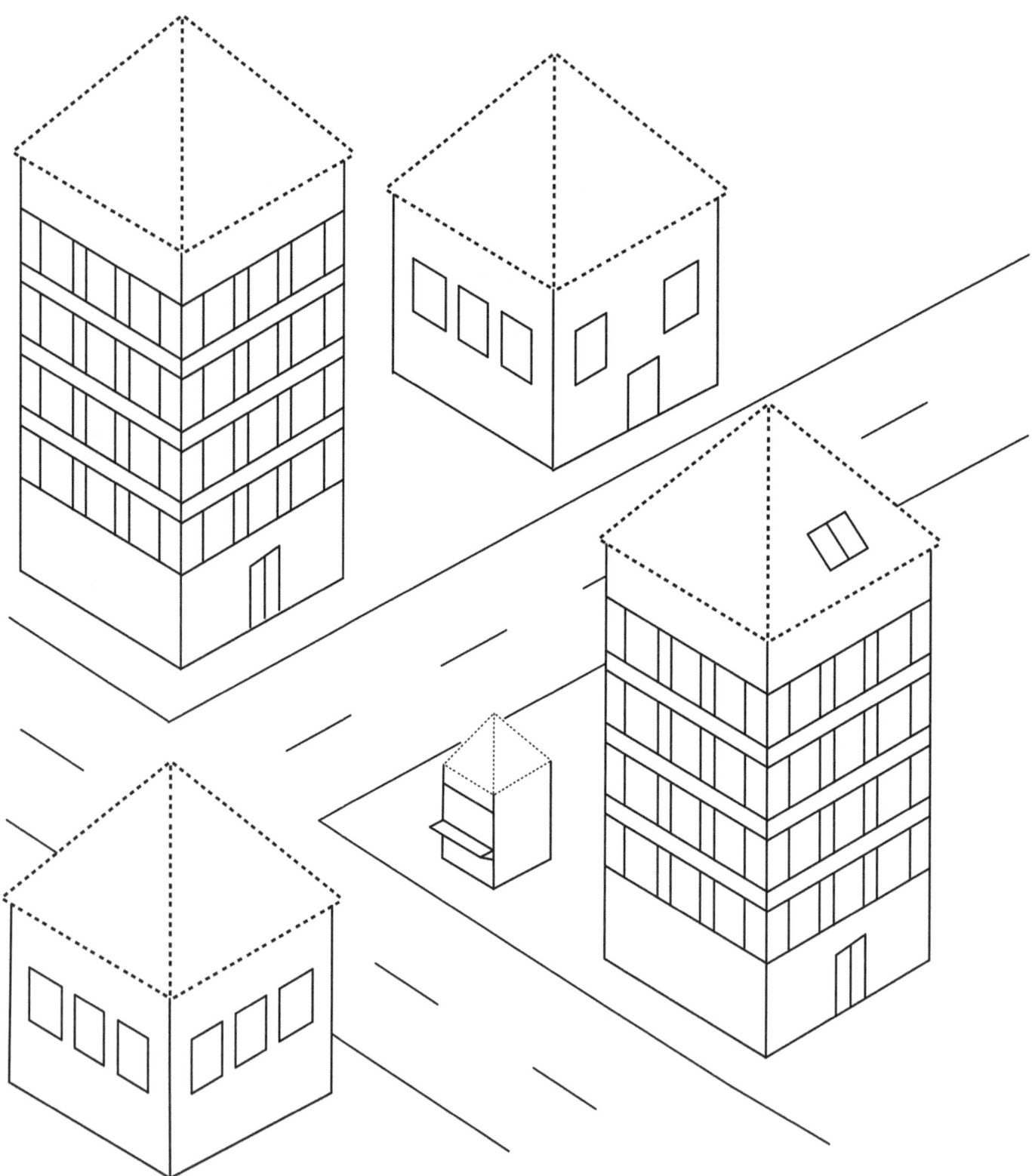

Denver International SchoolHouse

Nombre:_____

Pirámide

Traza las **pirámides** y luego colorea.

Nombre:_____

Pirámide

Colorea las **pirámides**.

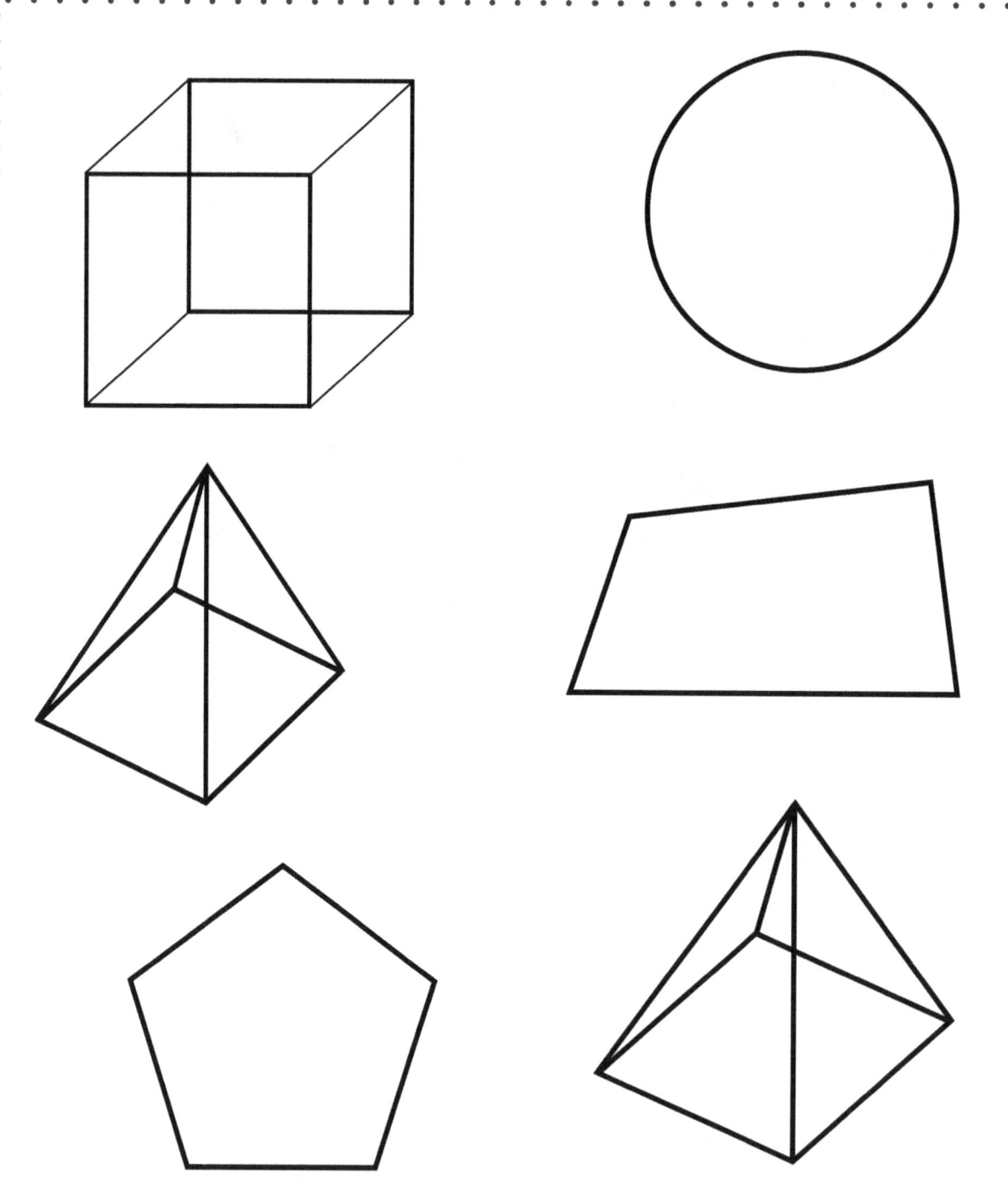

Nombre:_____

Traza, colorea y escribe

Traza y colorea cada **pirámide** con el crayón correcto.

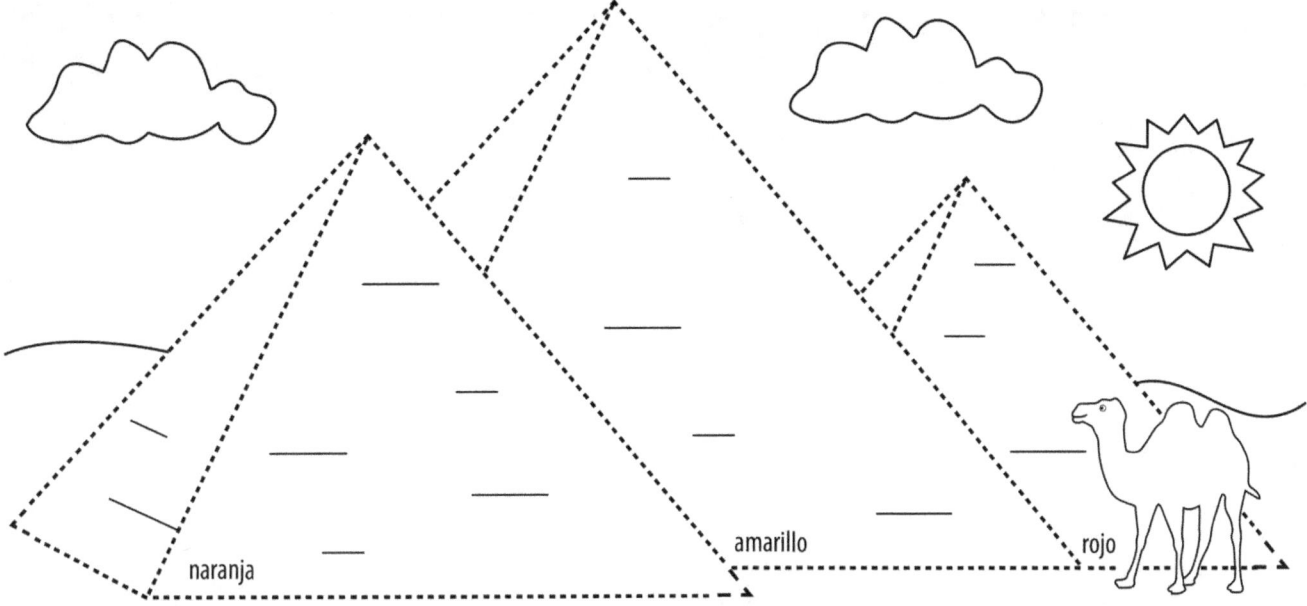

naranja   amarillo   rojo

Lee la palabra. Traza la palabra. Escribe la palabra por tu cuenta.

| pirámide | pirámide |

Denver International SchoolHouse

Nombre:_____

Pirámide

*Practica dibujar **pirámides**.*

*Practica escribir **pirámide** por tu cuenta.*

Nombre:_____

Traza los **conos**.

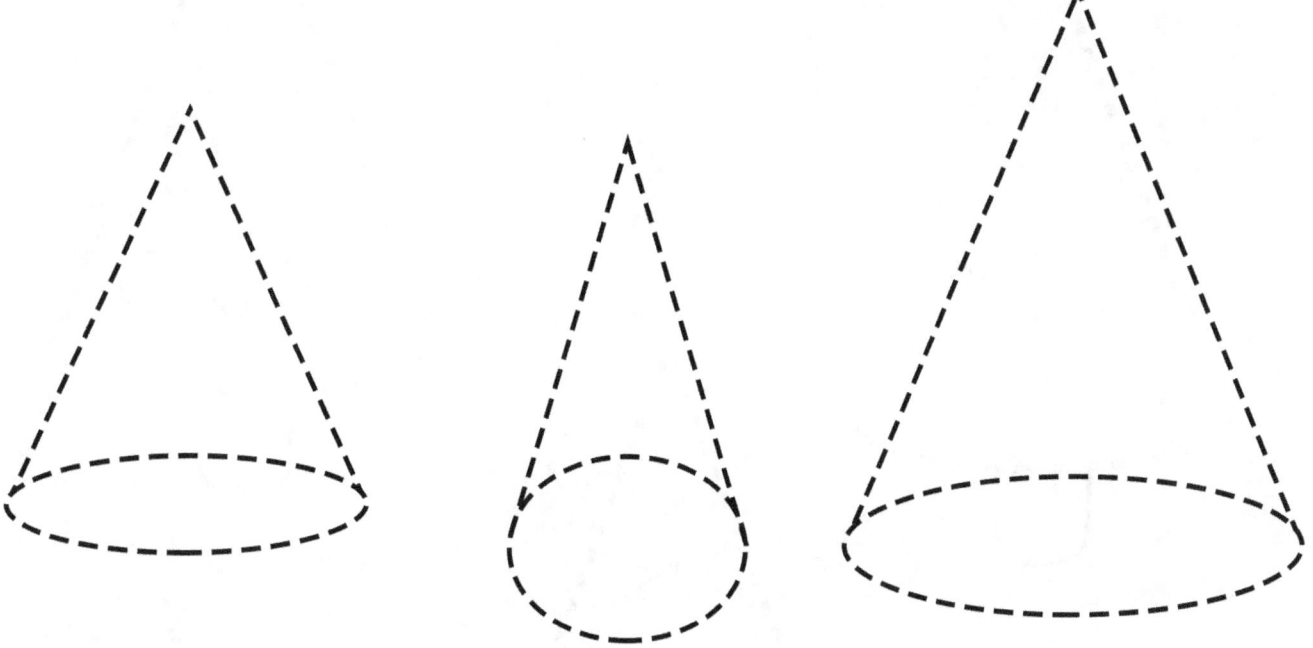

Traza la palabra.

Nombre:_____

Cono

Traza los *conos*.

Nombre:_____

Cono

*Traza los **conos** y luego colorea.*

86 Denver International SchoolHouse

Nombre:_____

Cono

Colorea los *conos*.

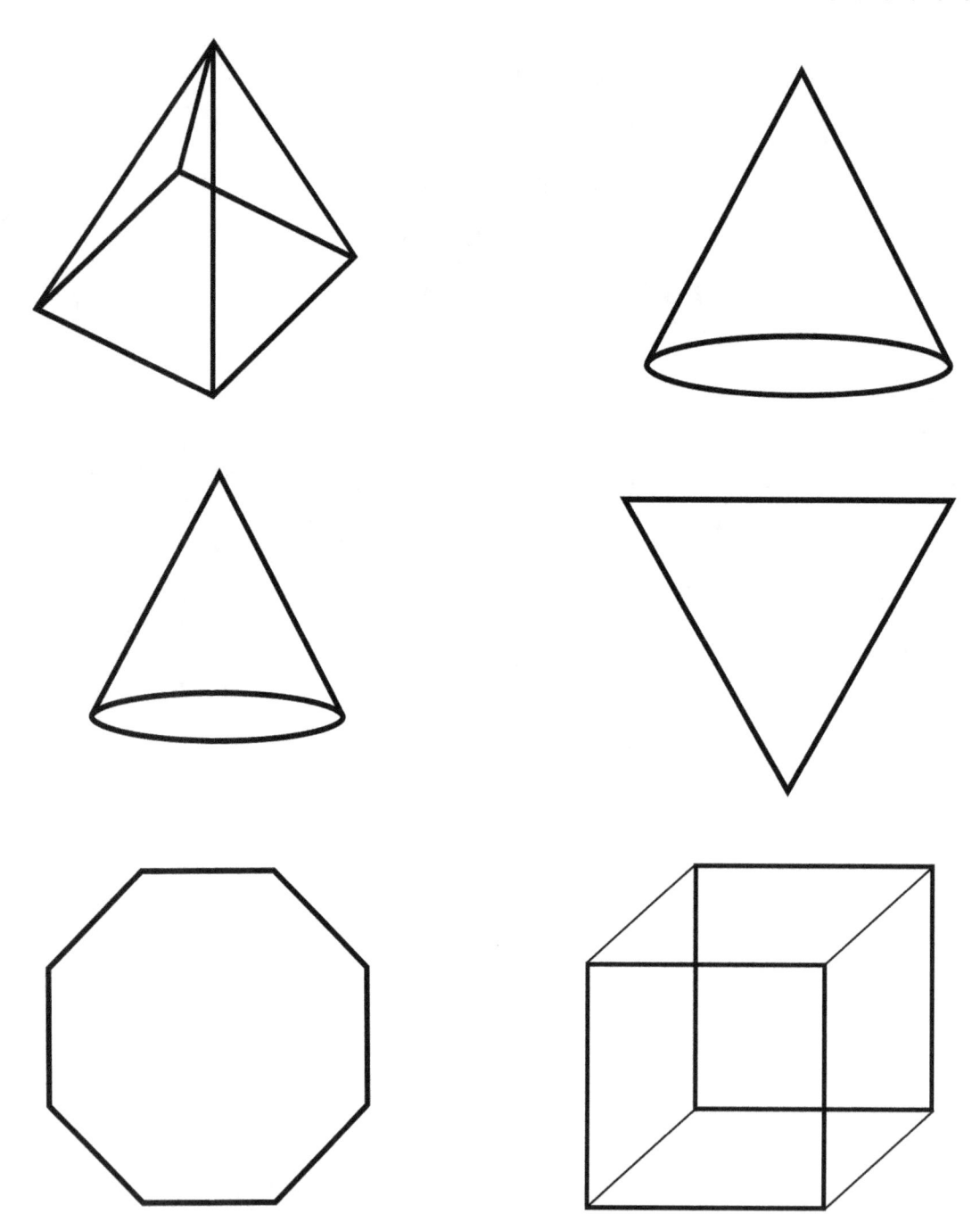

Nombre:_____

Traza, colorea y escribe

Traza y colorea cada **cono** con el crayón correcto.

Lee la palabra. Traza la palabra. Escribe la palabra por tu cuenta.

cono cono

Nombre:_____

Cono

*Practica dibujar **conos**.*

*Practica escribir **cono** por tu cuenta.*

Nombre:_____

Óvalo

Traza los *óvalos*.

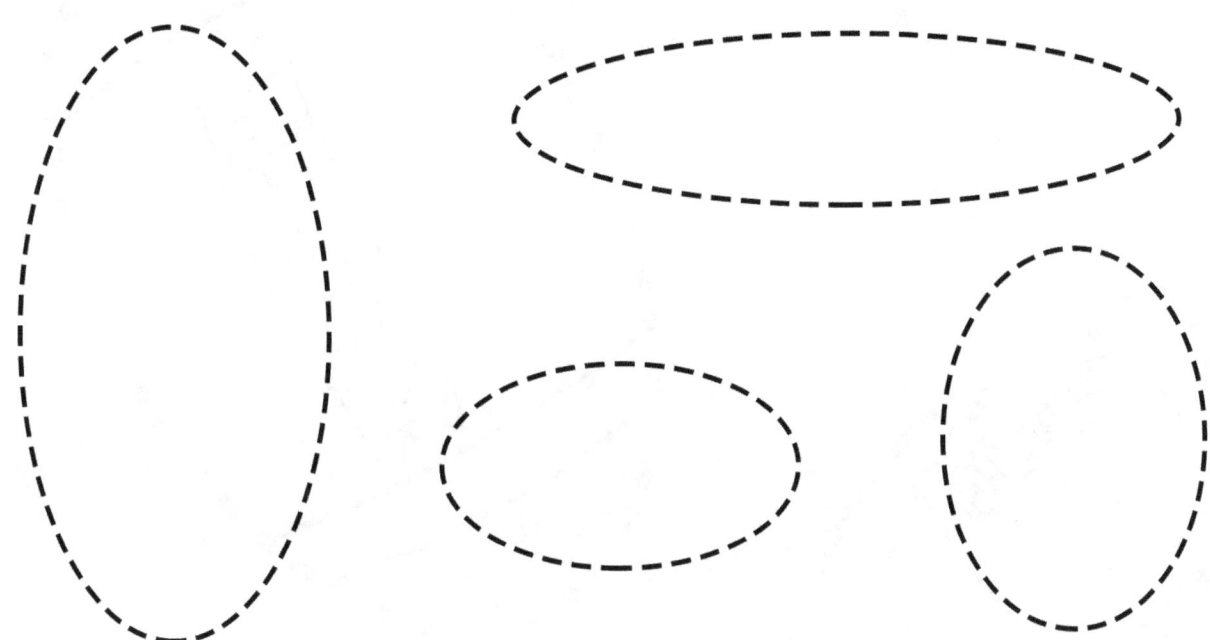

Traza la palabra.

Nombre:_____

Óvalo

Traza los *óvalos*.

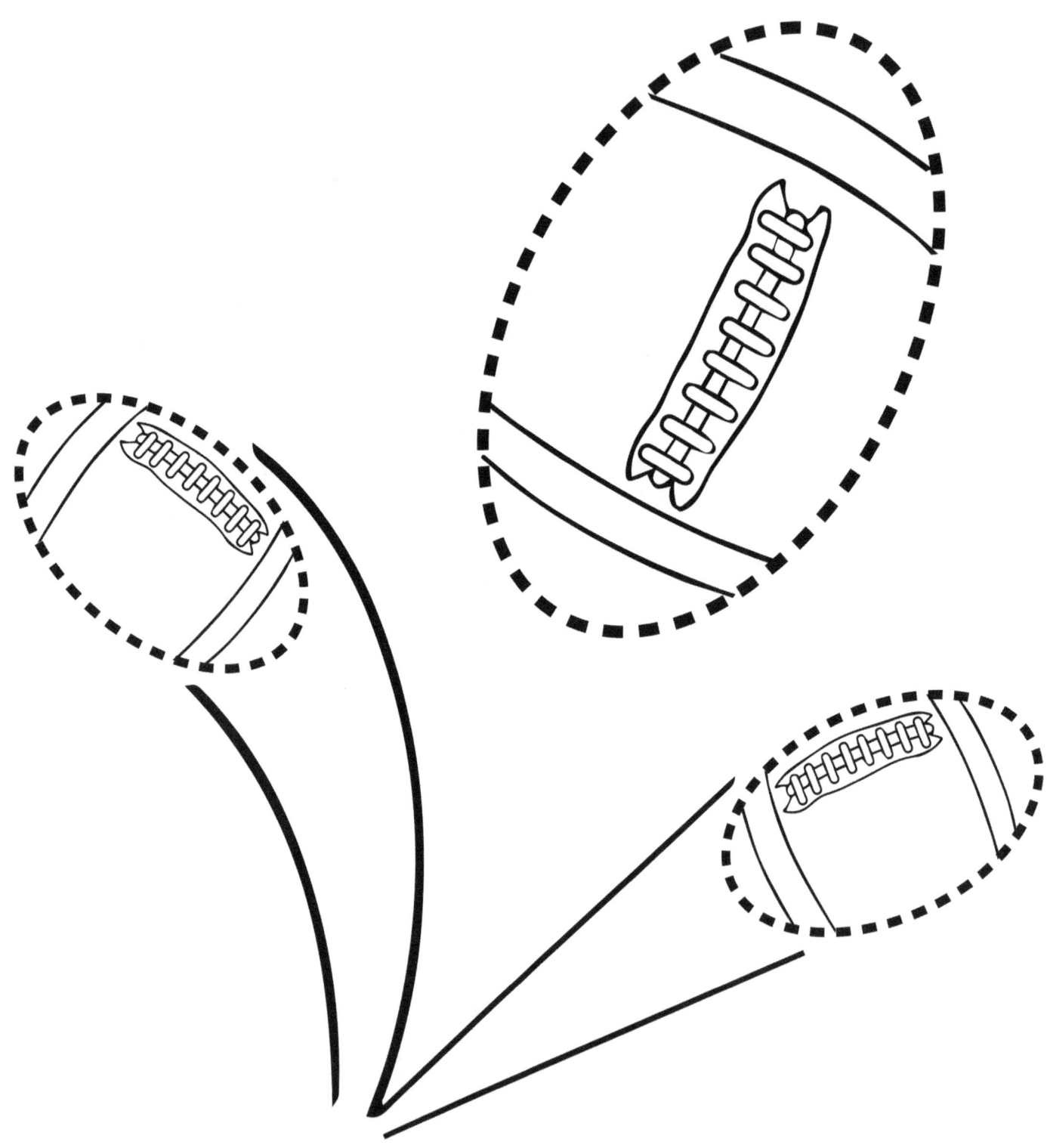

Nombre:_____

Óvalo

Traza los **óvalos** y luego colorea.

*Nombre:*_____

Óvalo

Colorea los **óvalos**.

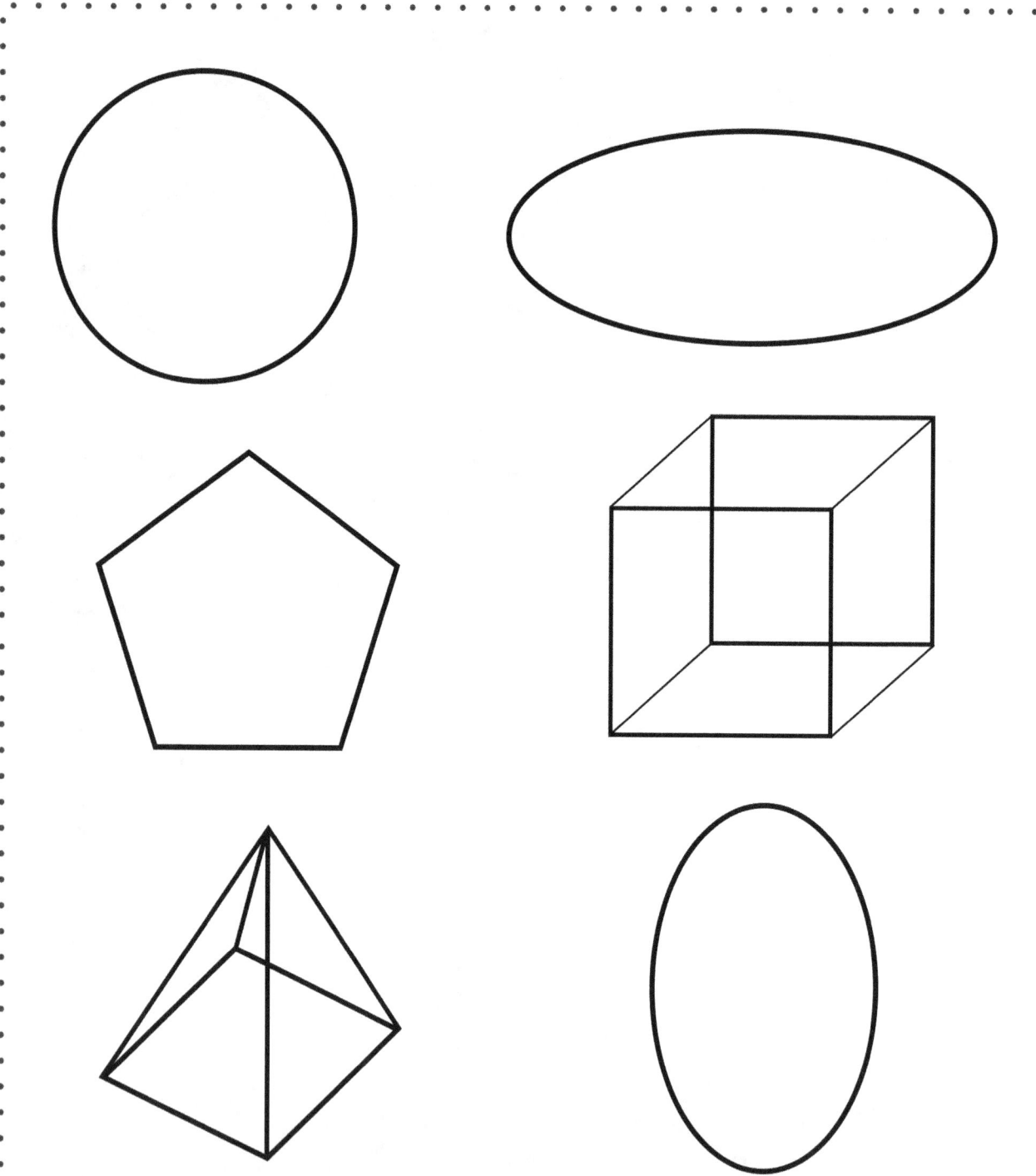

Nombre:_____

Traza, colorea y escribe

Traza y colorea cada **óvalo** con el crayón correcto.

Lee la palabra. Traza la palabra. Escribe la palabra por tu cuenta.

| óvalo | óvalo |

Nombre:_____

Óvalo

Practica dibujar *óvalos*.

Practica escribir *óvalo* por tu cuenta.

Nombre:_____

Cilindro

Traza los **cilindros**.

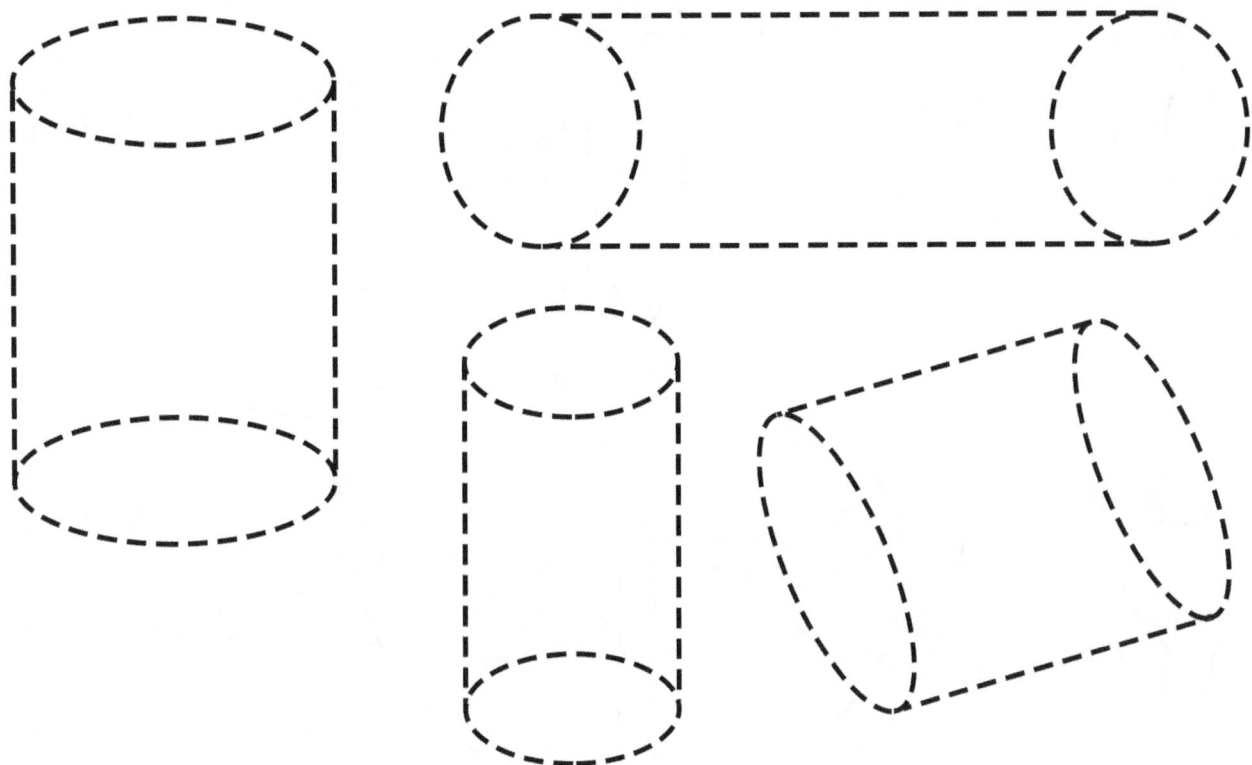

Traza la palabra.

cilindro

Nombre:_____

Cilindro

*Traza los **cilindros**.*

Cilindro

Nombre:_____

*Traza los **cilindros** y luego colorea.*

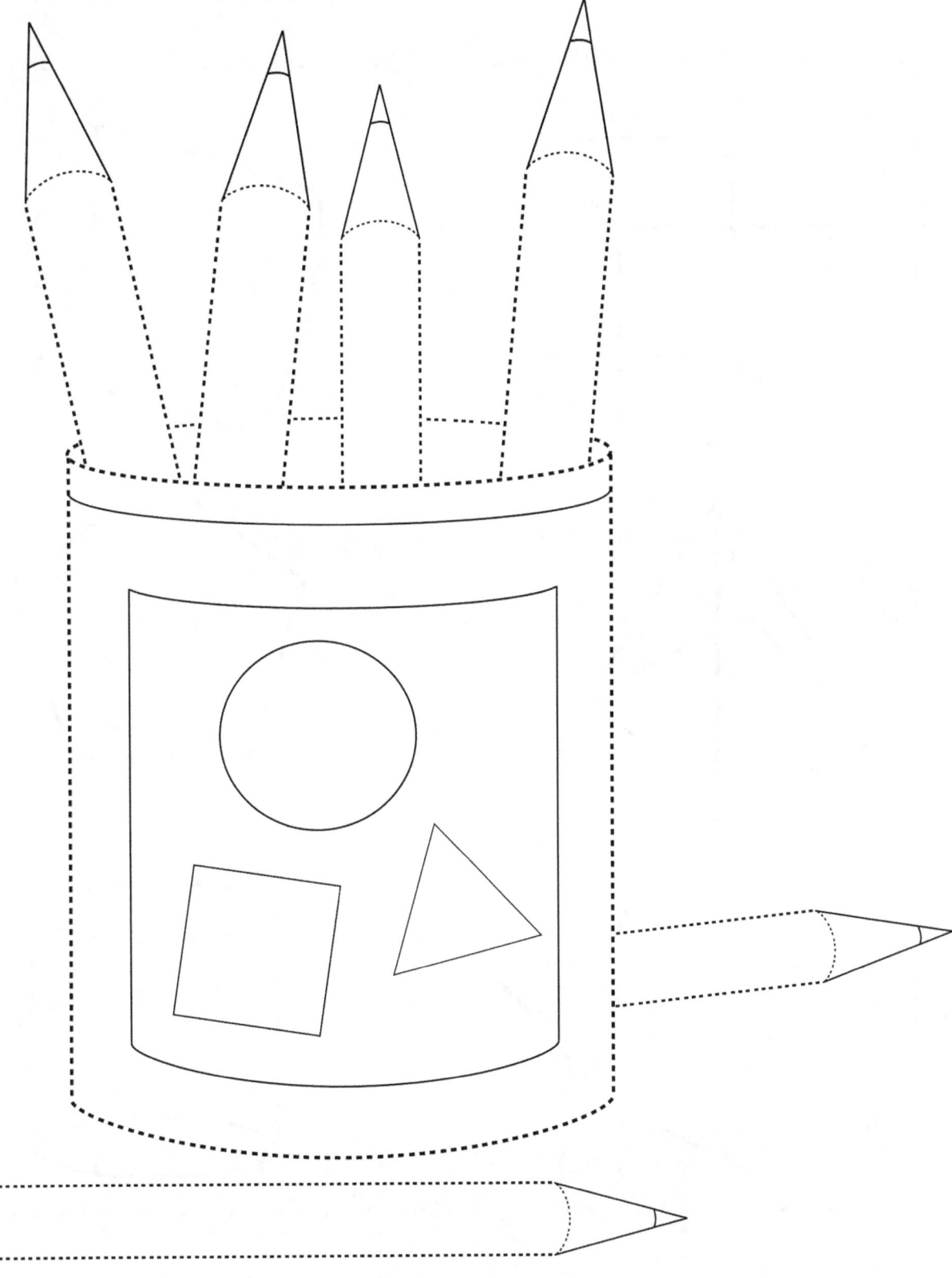

Nombre:_____

Cilindro

*Colorea los **cilindros**.*

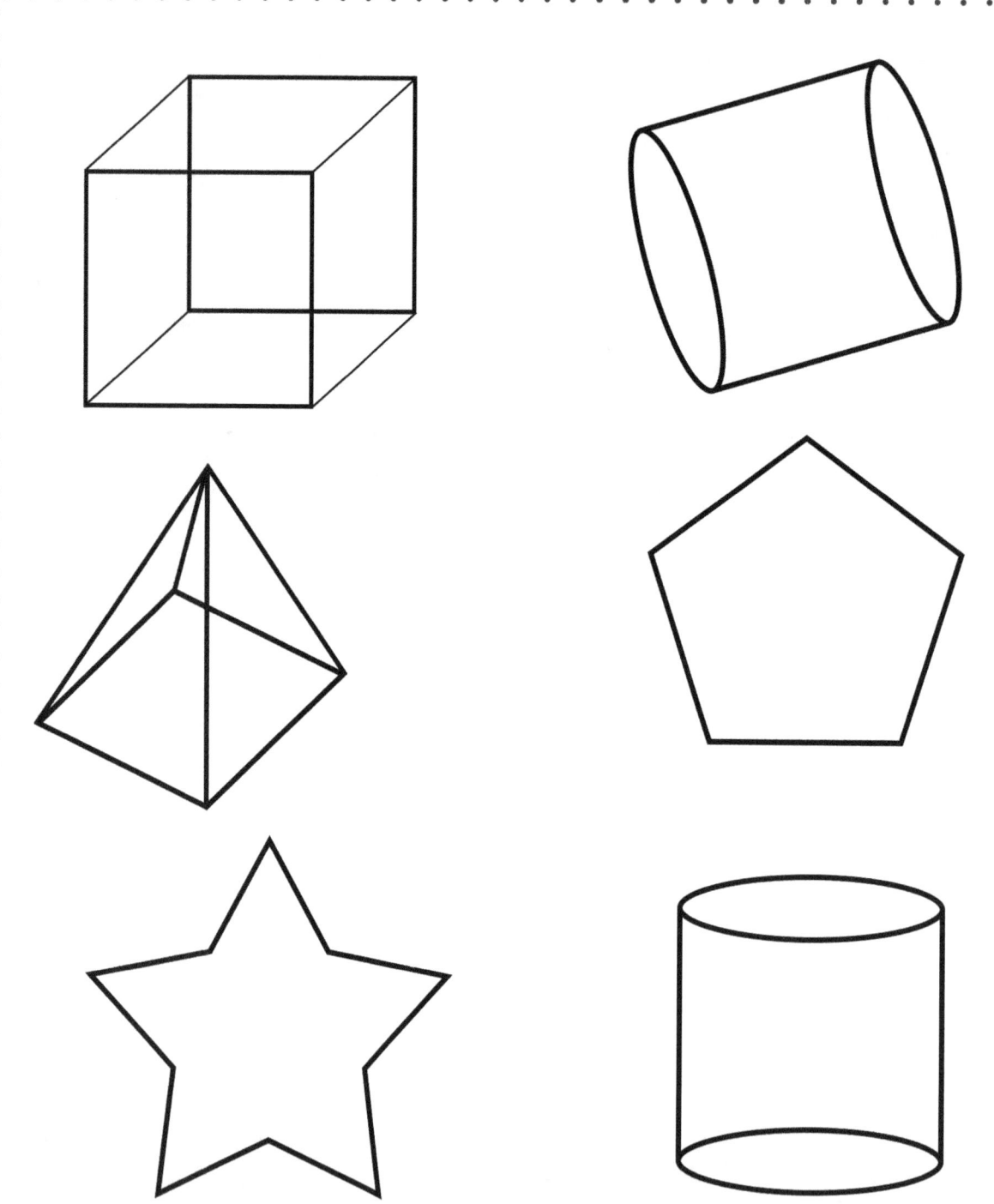

Nombre:_____

Traza, colorea y escribe

Traza y colorea cada **cilindro** con el crayón correcto.

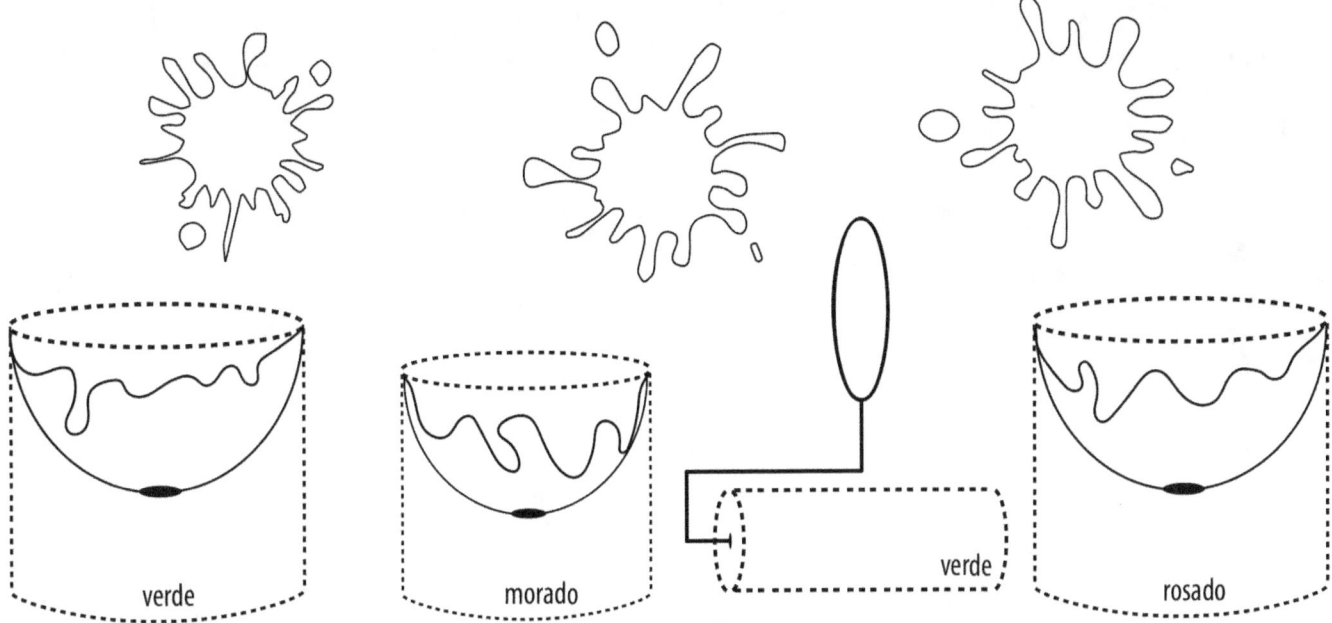

Lee la palabra. Traza la palabra. Escribe la palabra por tu cuenta.

cilindro

cilindro

Nombre:_____

Cilindro

*Practica dibujar **cilindros**.*

*Practica escribir **cilindro** por tu cuenta.*

Denver International SchoolHouse

*Nombre:*_____

Revisión de figuras

Enlaza las figuras iguales y coloréalas con el crayón correcto.

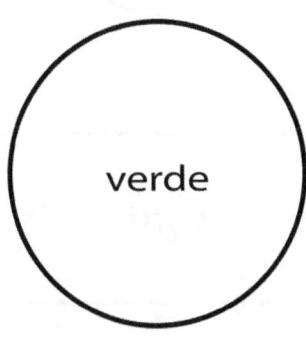

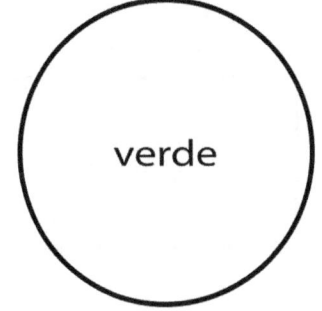
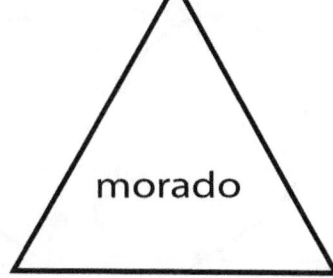
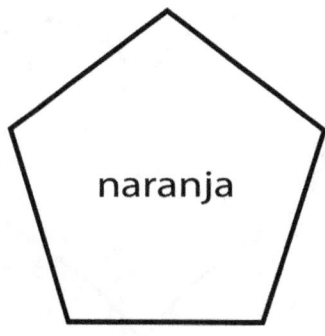

102   Denver International SchoolHouse

Revisión de figuras

Enlaza las figuras iguales y coloréalas con el crayón correcto.

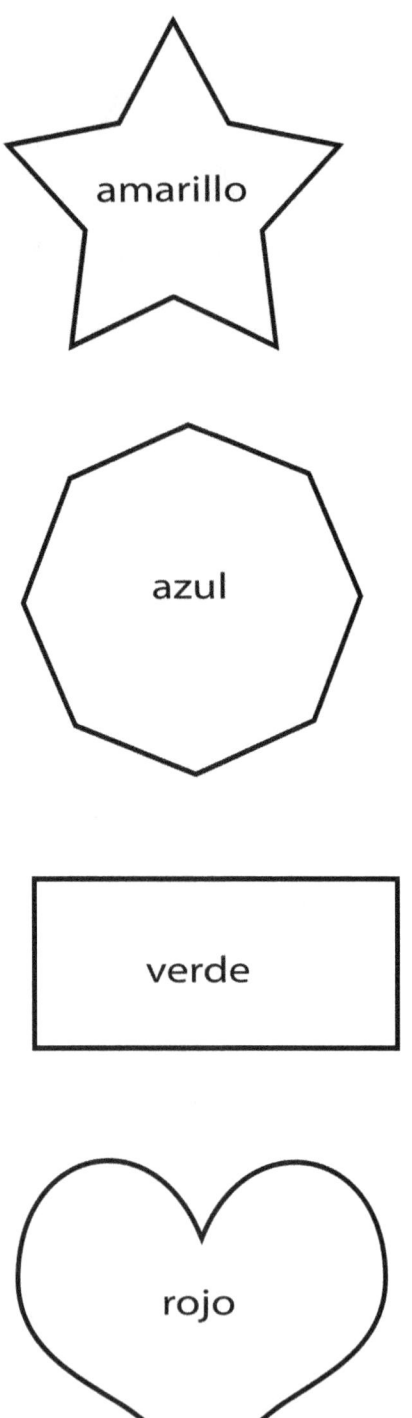
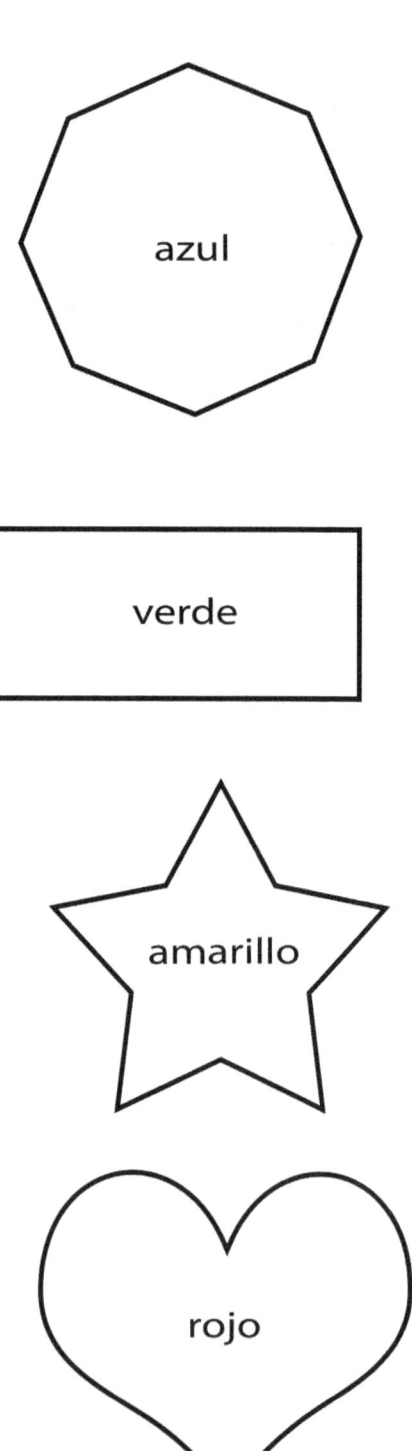

Nombre:_____

Revisión de figuras

Enlaza las figuras iguales y coloréalas con el crayón correcto.

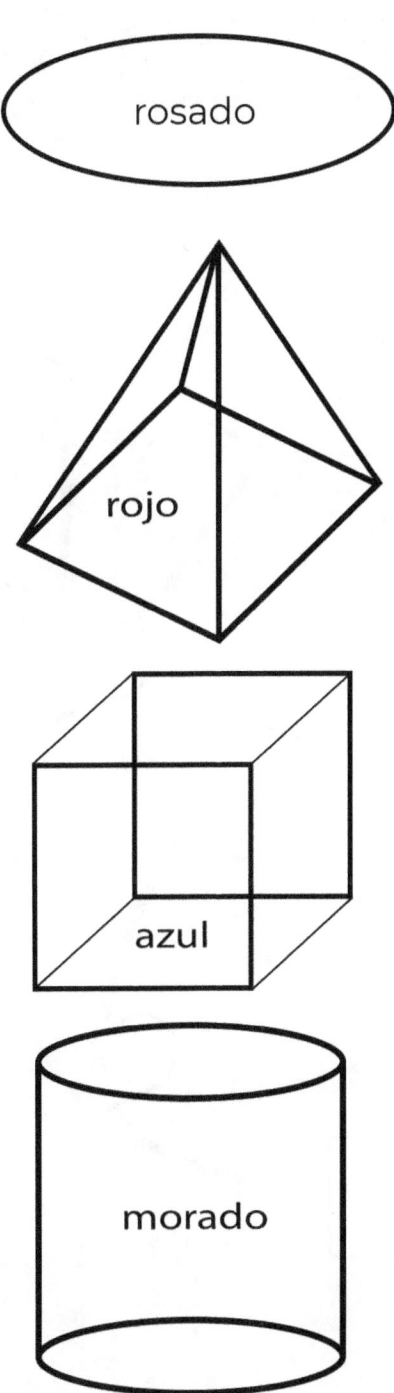
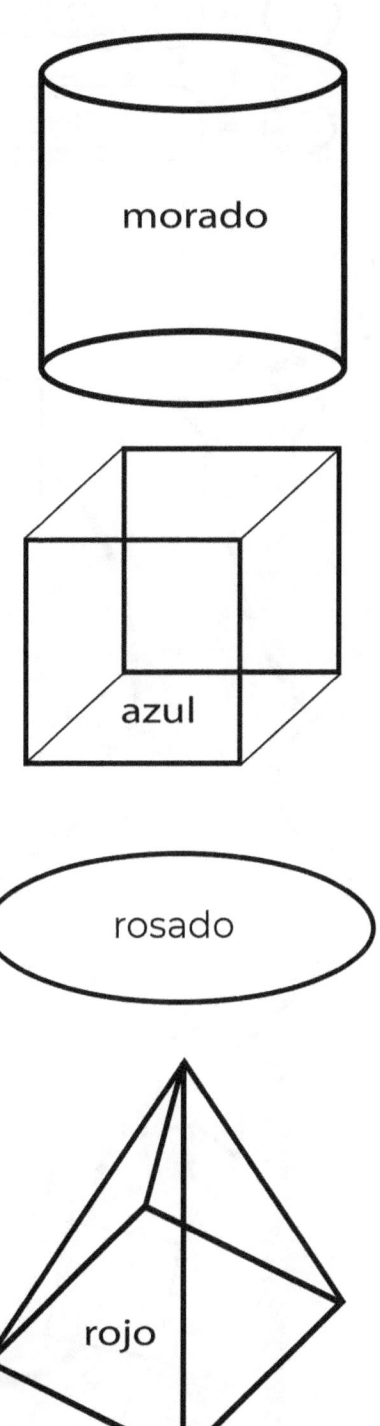

Revisión de figuras

Colorea la figura con el crayón correcto.

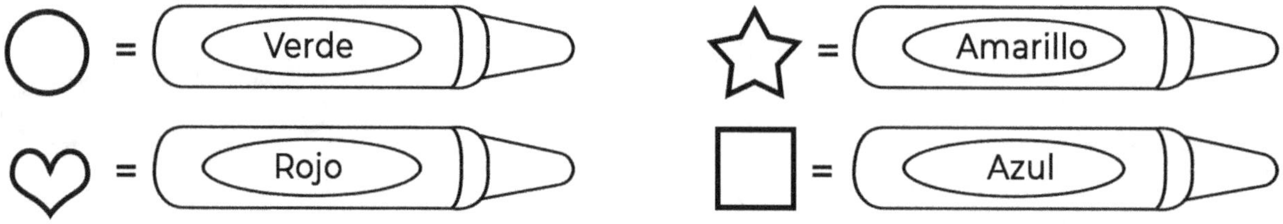

○ = Verde   ☆ = Amarillo
♥ = Rojo   □ = Azul

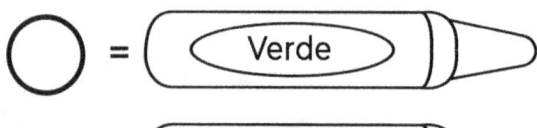

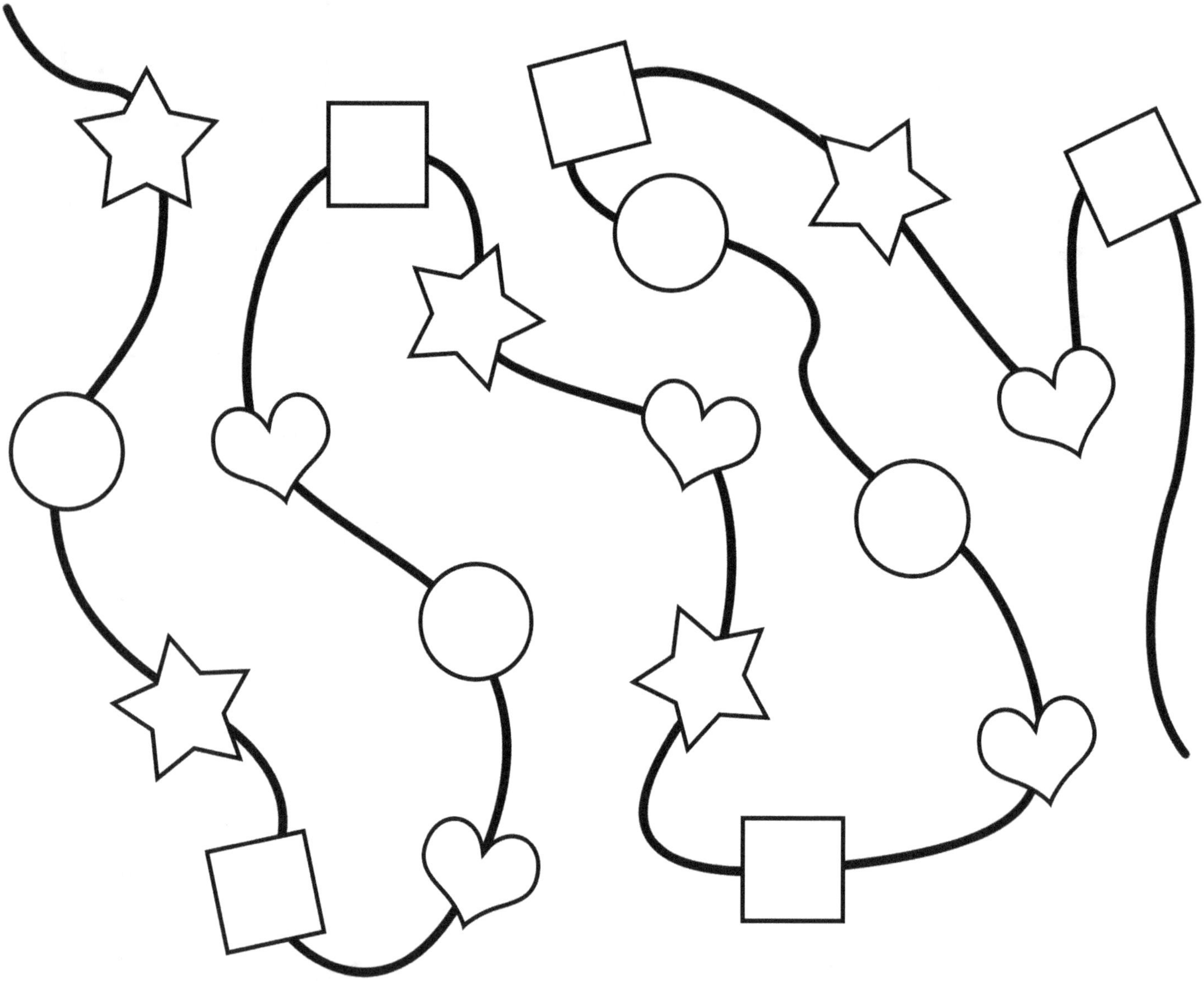

Nombre:_____

Revisión de figuras

Colorea la figura con el crayón correcto.

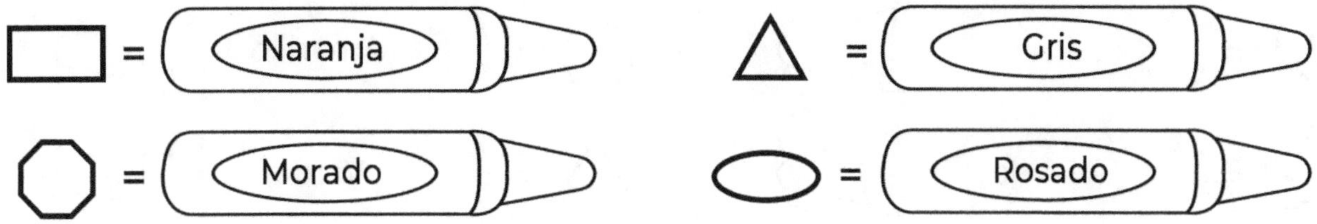

▭ = Naranja   △ = Gris

⯃ = Morado   ⬭ = Rosado

Nombre:_____

Revisión de figuras

Colorea la figura con el crayón correcto.

♡ = (Azul)   ⬡ = (Amarillo)

☆ = (Rosado)   △ = (Verde)

Revisión de figuras

Nombre:_____

Cuenta y colorea la figura con el crayón correcto.

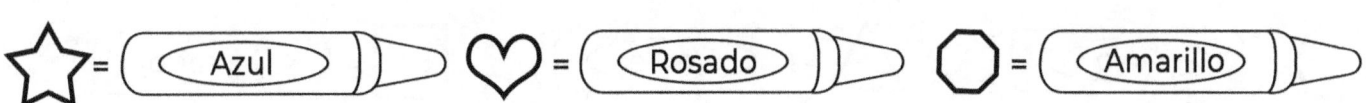

¿Cuantas ☆ hay? ---------   ¿Cuantos ♡ hay? ---------

¿Cuantos ⬡ hay? ---------

Revisión de figuras

Cuenta y colorea la figura con el crayón correcto.

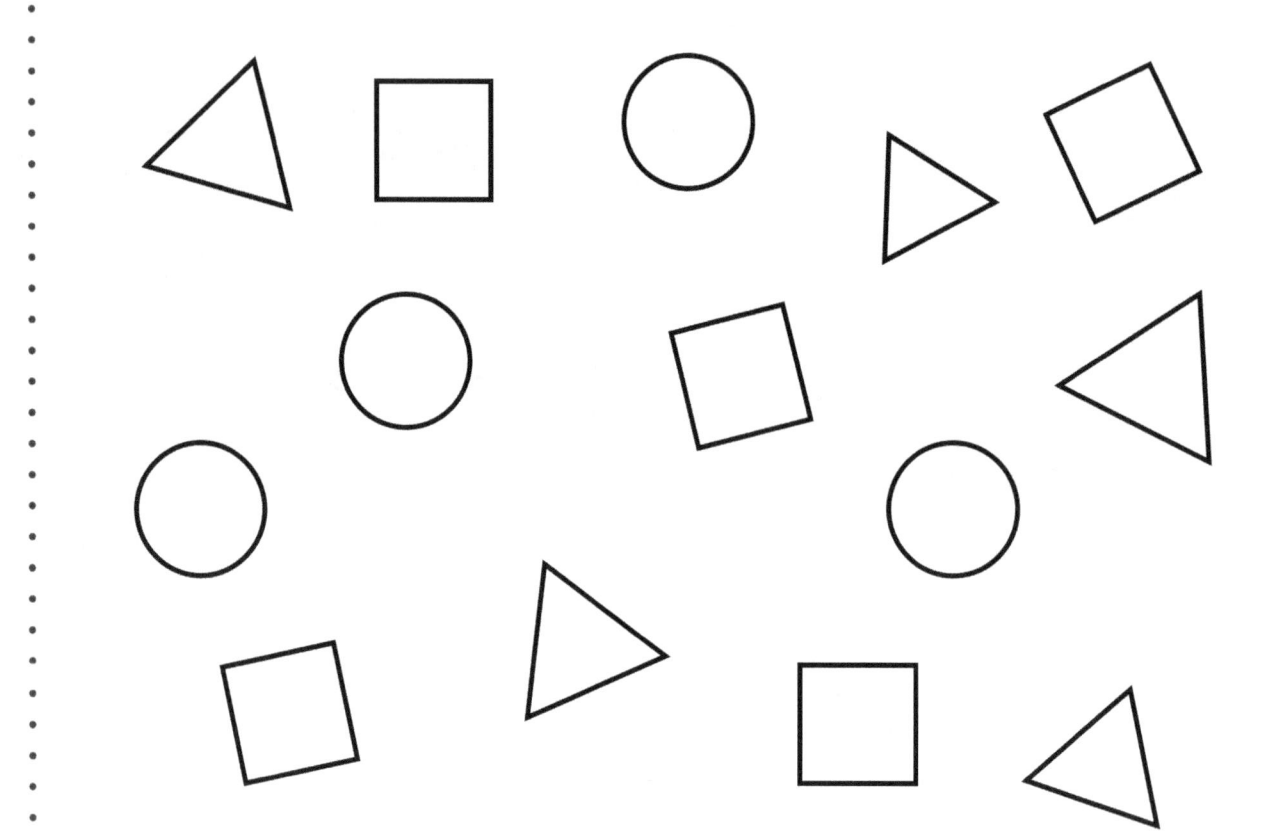

○ = Rojo   △ = Verde   □ = Morado

¿Cuantos ○ hay? ----------

¿Cuantos △ hay? ----------

¿Cuantos □ hay? ----------

Nombre:_____

Revisión de figuras

Cuenta y colorea la figura con el crayón correcto.

▭ = Negro   ⬠ = Blanco   ⬯ = Naranja

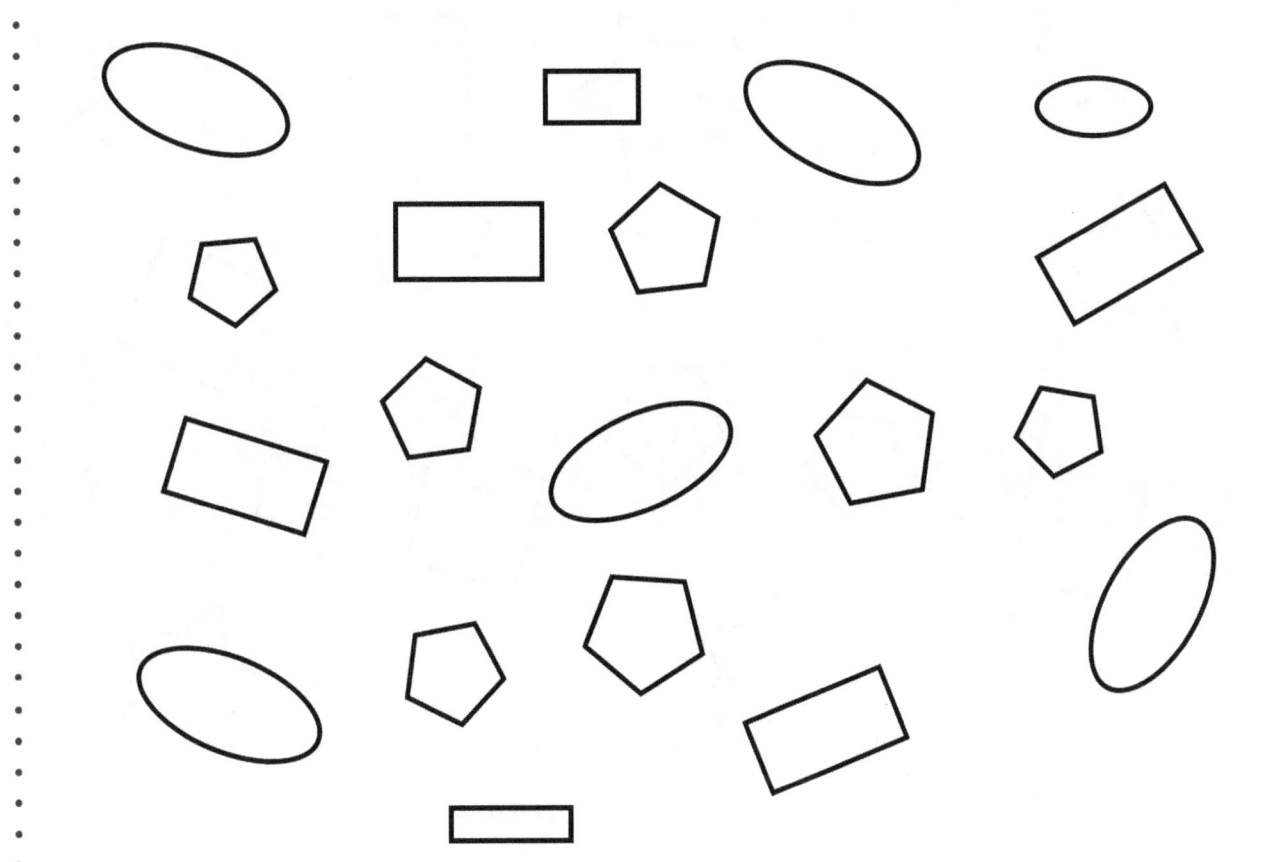

¿Cuantos ▭ hay? ----------

¿Cuantos ⬯ hay? ----------

¿Cuantos ⬠ hay? ----------

Denver International SchoolHouse

Nombre:_____

Revisión de figuras

Cuenta y colorea la figura con el crayón correcto.

☐ = Azul   ⬠ = Rojo   ☆ = Amarillo

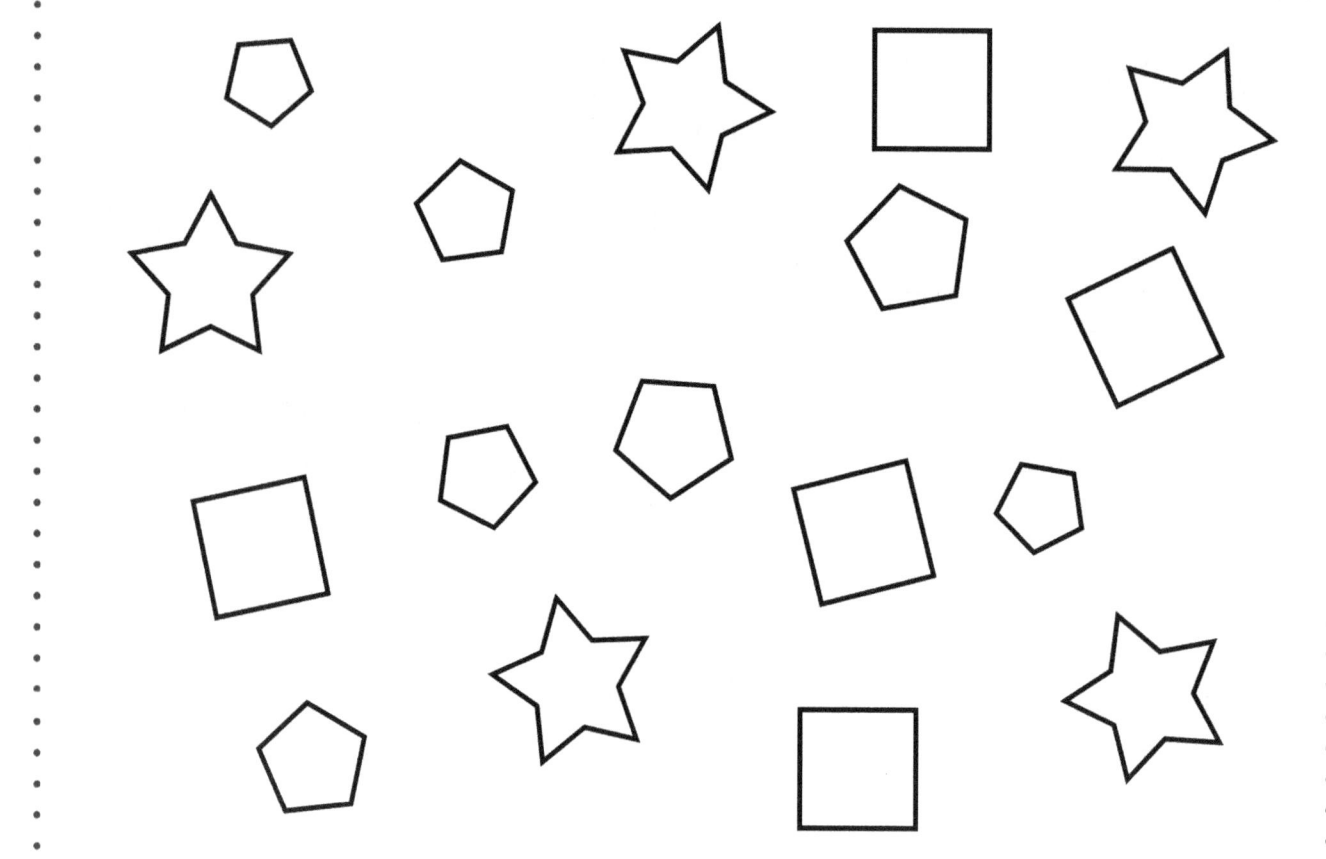

¿Cuantos ⬠ hay? ---------- _____

¿Cuantas ☆ hay? ---------- _____

¿Cuantos ☐ hay? ---------- _____

Nombre:_____

Revisión de figuras

Traza una línea haciendo coincidir la figura con la imagen correspondiente.

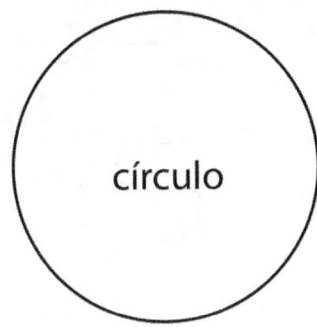 círculo

cuadrado

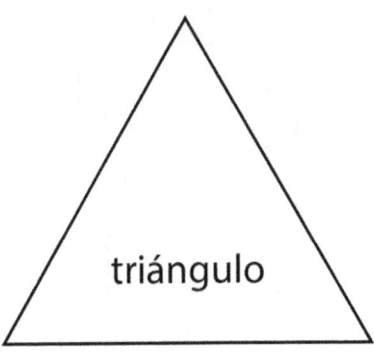 triángulo

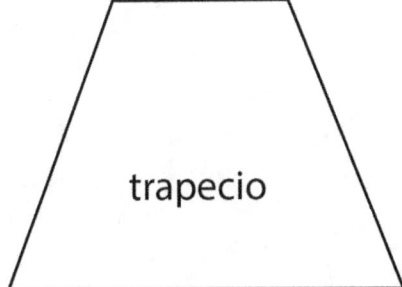 trapecio

Denver International SchoolHouse

Nombre:_____

Revisión de figuras

Traza una línea haciendo coincidir la figura con la imagen correspondiente.

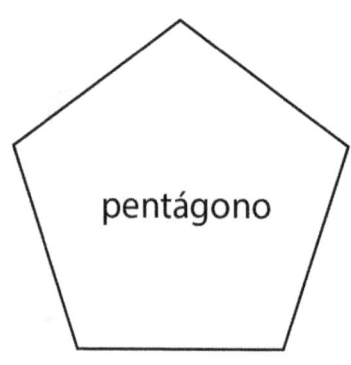 pentágono

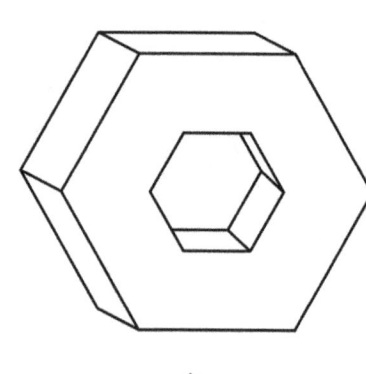

rectángulo

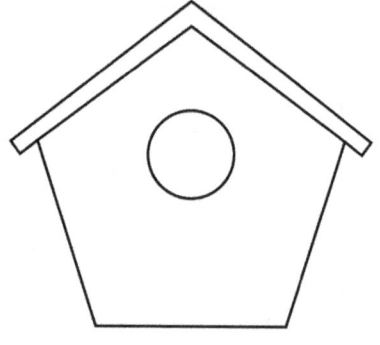

 estrella

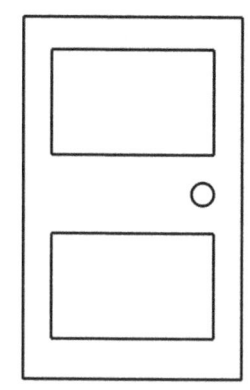

 hexágono

Nombre:_____

Revisión de figuras

Traza una línea haciendo coincidir la figura con la imagen correspondiente.

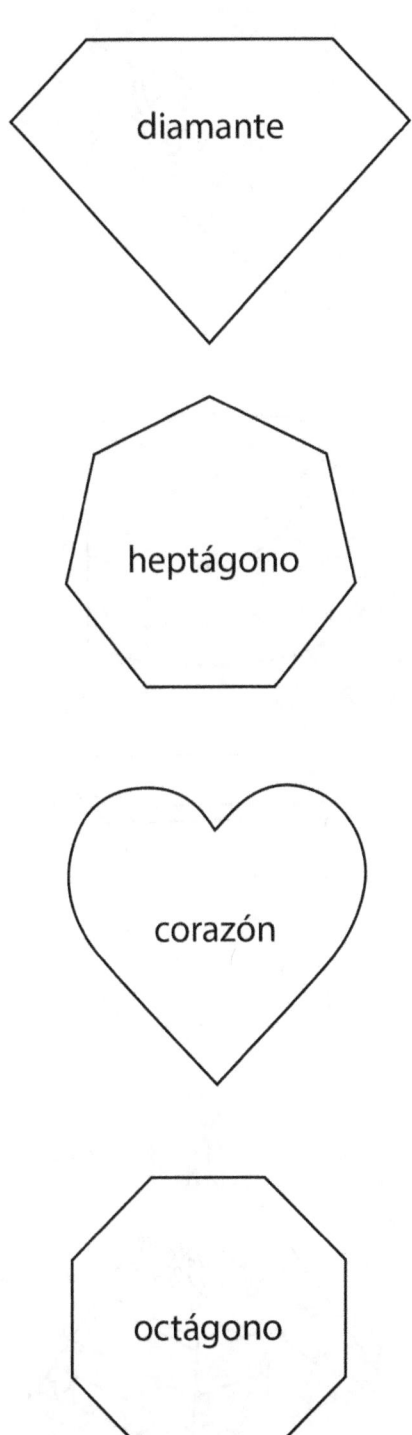
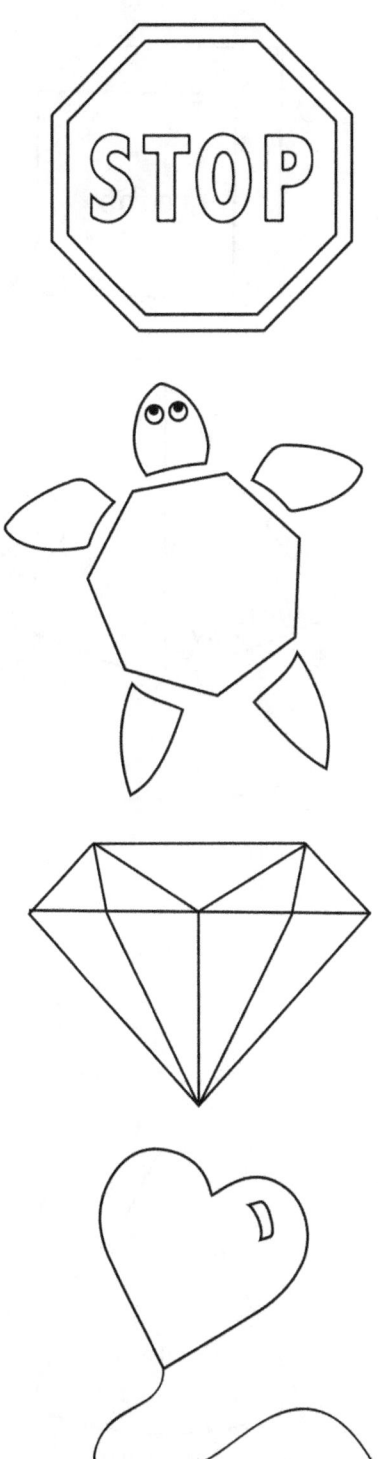

Revisión de figuras

Traza una línea haciendo coincidir la figura con la imagen correspondiente.

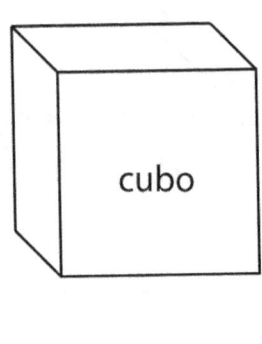
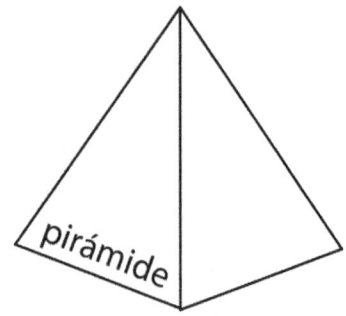

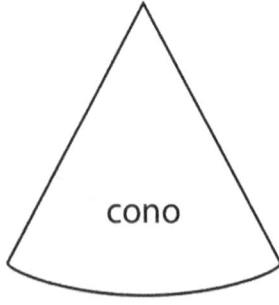

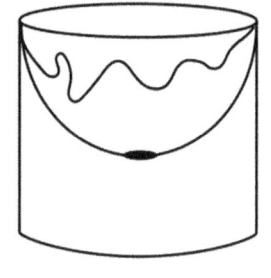
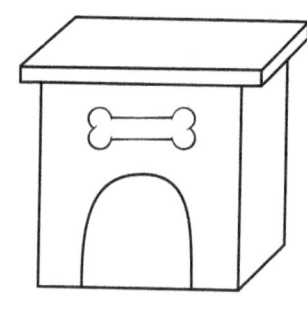

Nombre:_____

Revisión de figuras

Traza una línea haciendo coincidir la figura con la imagen correspondiente.

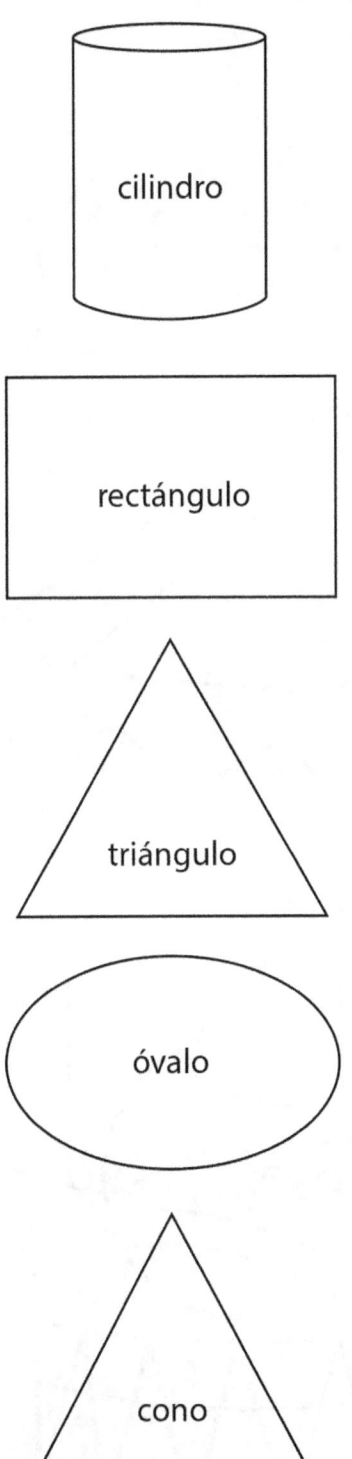

Nombre:_____

Revisión de figuras

Colorea las figuras geométricas iguales con un mismo crayón y el resto de la imagen con tu crayón favorito.

Revisión de figuras

Colorea las figuras geométricas iguales con un mismo crayón y el resto de la imagen con tu crayón favorito.

Nombre:_____

Revisión de figuras

Colorea las figuras geométricas iguales con un mismo crayón y el resto de la imagen con tu crayón favorito.

Nombre:_____

Revisión de figuras

Colorea las figuras geométricas iguales con un mismo crayón y el resto de la imagen con tu crayón favorito.

Nombre:_____

Revisión de figuras

Colorea las figuras geométricas iguales con un mismo crayón y el resto de la imagen con tu crayón favorito.

Nombre:_____

Revisión de figuras

Colorea las figuras geométricas iguales con un mismo crayón y el resto de la imagen con tu crayón favorito.

Nombre:_____

Revisión de figuras

Colorea las figuras geométricas iguales con un mismo crayón y el resto de la imagen con tu crayón favorito.

Nombre:_____

Revisión de figuras

Colorea las figuras geométricas iguales con un mismo crayón y el resto de la imagen con tu crayón favorito.

Nombre:_____

Revisión de figuras

Colorea las figuras geométricas iguales con un mismo crayón y el resto de la imagen con tu crayón favorito.

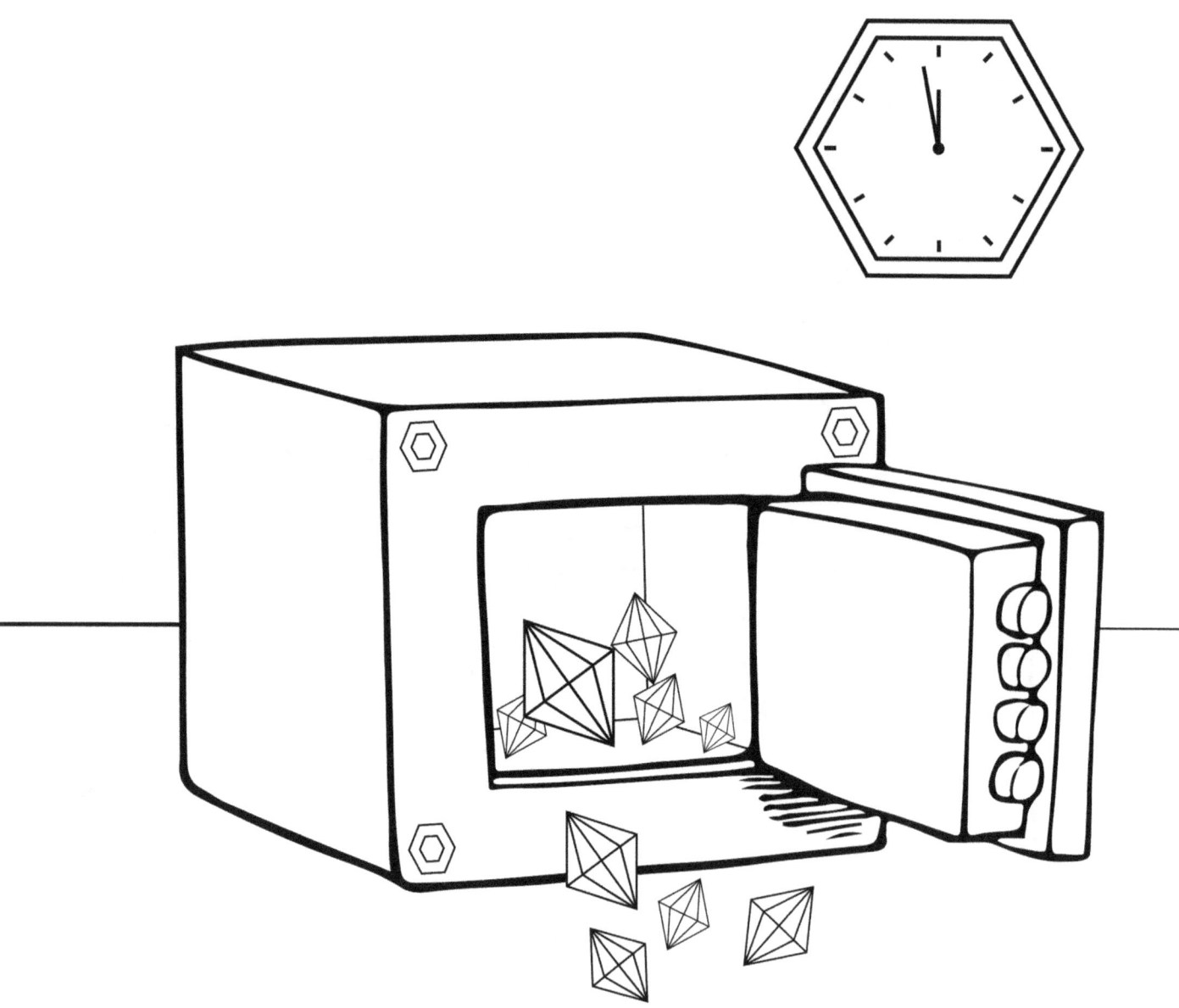

Nombre:_____

Revisión de figuras

Colorea las figuras geométricas iguales con un mismo crayón y el resto de la imagen con tu crayón favorito.

Contáctenos:

Web: www.dispreschool.com

Teléfono: (303) 928-7535

Facebook: @dispreschool

Twiter: @DISPreschool

Dirección: 6295 S Main St B113, Aurora, CO 80016

www.ingramcontent.com/pod-product-compliance
Lightning Source LLC
Chambersburg PA
CBHW081416080526
44589CB00016B/2552